Kompetenzorientiert unterrichten in der Grundschule

Deutsch 1. und 2. Schuljahr

Silke Demleitner
Christine Kröner

Oldenbourg

Redaktion: Sylvia Bernard-Dronia, Sandra Frank
Moderation: Ruth Dolenc-Petz, Meitingen
Illustration: Kristina Klotz, München
Umschlagkonzept: Mendell & Oberer, München
Umschlaggestaltung und -illustration: Visuelle Gestaltung Katrin Pfeil, Mainz
Technische Umsetzung: krauß-verlagsservice, Augsburg

www.oldenbourg-bsv.de

1. Auflage, 1. Druck 2013

Alle Drucke dieser Auflage sind inhaltlich unverändert
und können im Unterricht nebeneinander verwendet werden.

Druck: H. Heenemann, Berlin

ISBN 978-3-637-01839-6

Inhalt gedruckt auf säurefreiem Papier aus nachhaltiger Forstwirtschaft.

Inhaltsverzeichnis

Vorwort

Liebe Kolleginnen und Kollegen,
am 15.10.2004 beschloss die Kultusministerkonferenz allgemeingültige Bildungsstandards für den Primarbereich im Fach Deutsch bis zum Ende der 4. Jahrgangsstufe. Sie gelten als fachspezifische Anforderungen für den Deutschunterricht in allen Bundesländern. Bildungsstandards sollen dazu beitragen, Unterrichtsprozesse zu optimieren und sind so formuliert, dass man sie anhand geeigneter Aufgaben und Tests überprüfen kann.

Unser Buch wendet sich an alle Lehrerinnen und Lehrer, die in der 1. und 2. Jahrgangsstufe unterrichten und deren Aufgabe es ist, die verbindlichen Bildungsstandards, die für das Ende der 4. Jahrgangsstufe festgelegt wurden, anzubahnen. Die relativ abstrakt formulierten Bildungsstandards werden beispielhaft erläutert und konkretisiert. Selbstverständlich erhebt dieser Band keinen Anspruch auf Vollständigkeit aller in den Standards aufgeführten Kompetenzen. Er zeigt jedoch für alle Teilbereiche im Fach Deutsch schwerpunktartig, wie die Bildungsstandards unterrichtspraktisch umgesetzt werden können.

Es ist uns besonders wichtig, Unterrichtsbeispiele zu beschreiben, die neben den Bildungsstandards auch kooperative Lernformen beinhalten, da es immer mehr Ziel eines guten Unterrichts sein wird, Kindern Techniken zu vermitteln, sich Wissen selbstständig zu beschaffen – am besten im Team mit Gleichgesinnten. Das von uns entwickelte Material soll helfen, Kompetenzen aufzubauen und einzuüben. Ebenso bietet es Überprüfungsmöglichkeiten an, ob die Standards erreicht werden konnten.

Zusätzlich zu den ausführlich beschriebenen Praxisbeispielen im Buch, die exemplarisch mit Kopiervorlagen versehen wurden, bietet die beiliegende CD-ROM eine Vielzahl von zusätzlichen Kopiervorlagen und Arbeitsblättern, die passend zu den im Text beschriebenen Unterrichtseinheiten eingesetzt werden können. Ein detailliertes Inhaltsverzeichnis hierzu finden Sie ebenfalls auf der CD-ROM.

Wir wünschen Ihnen eine informative und anregende Lektüre.

Silke Demleitner
Christine Kröner

Silke Demleitner ist Grundschulkonrektorin, Christine Kröner ist Grundschulrektorin. Beide sind in der Lehrerfortbildung aktiv. Sie sind zudem Mitautorinnen des Sprachbuchs Fips & Co (2–4) aus dem Oldenbourg Schulbuchverlag und daher mit den Themen des Deutschunterrichts in der Grundschule bestens vertraut.

I Grundlagen (Susanne Mertens, Andrea Wimmer)

1 Was sind eigentlich Kompetenzen?

1.1 Allgemeiner Kompetenzbegriff

Der deutsche Psychologe Franz E. Weinert war ein maßgeblicher Wegbereiter des Kompetenzbegriffs und prägte damit wesentlich die aktuelle Bildungsreform in Deutschland. Bereits 2001 definierte er Kompetenzen als „die bei Individuen verfügbaren oder durch sie erlernbaren kognitiven Fähigkeiten und Fertigkeiten, um bestimmte Probleme zu lösen sowie die damit verbundenen motivationalen, volitionalen [die willentliche Steuerung von Handlungen und Handlungsabsichten] und sozialen Bereitschaften und Fähigkeiten, um die Problemlösungen in variablen Situationen erfolgreich und verantwortungsvoll nutzen zu können“ (Weinert (Hrsg.) 2001, S. 27 f.).

Der Kompetenzbegriff ist in den vergangenen zehn Jahren viel diskutiert und weiterentwickelt worden. Im vorliegenden Buch beziehen wir uns in erster Linie auf den Kompetenzbegriff Zieners: „Kompetenzen geben Auskunft über das, was jemand kann, und zwar in dreifacher Hinsicht: im Blick auf seine Kenntnisse, seine Fähigkeiten, damit umzugehen, und seine Bereitschaft, zu den Sachen und Fertigkeiten eine eigene Beziehung einzugehen. Kompetenzorientierter Unterricht zielt auf die Ausstattung von Lernenden mit Kenntnissen, Fähigkeiten/Fertigkeiten sowie die Bewusstmachung von Einstellungen/Haltungen. Kompetent ist, wer sich darauf einlassen kann, mit Sachverstand mit Dingen umzugehen. Kompetenzen sind Fähigkeiten unter dem dreifachen Aspekt von Kenntnissen, Fertigkeiten und Einstellungen. Kompetenzen äußern sich in konkreten Handlungen.“ (Ziener 2010, S. 23)

In diesem Sinne ist es die Aufgabe der Lehrerin[1], Lernaufgaben so zu gestalten, dass die Kinder vielfältige Möglichkeiten haben, sich selbst Wissen anzueignen, Fertigkeiten einzuüben und Einstellungen auszubilden. Dabei gilt es, für unterschiedliche Lern- und Lösungswege der Schüler offen zu sein. Die Rolle der Lehrerin besteht zunehmend darin, die Kinder als Lernbegleiterin und Lernberaterin individuell zu unterstützen (vgl. Drieschner 2009, S. 92 f.).

Kompetenzorientiert unterrichten heißt immer auch differenziert unterrichten und die individuellen Lernvoraussetzungen und Lernfortschritte im Blick zu

---

[1] Aus Gründen der leichteren Lesbarkeit haben wir in diesem Buch die weibliche oder männliche Form gewählt. Selbstverständlich sind immer Lehrerinnen und Lehrer, Schülerinnen und Schüler, Pädagoginnen und Pädagogen gemeint.

haben. Im Bereich der Wissensaneignung liegt es somit im Ermessen der Lehrerin, aus ihrer Erfahrung heraus das Anforderungsniveau der jeweiligen Lernaufgaben zu bestimmen (vgl. Beschluss der Kultusministerkonferenz 2005, Bildungsstandards im Fach Deutsch für den Primarbereich, S. 17).

Grundsätzlich ist zu beachten, dass die Kinder sowohl gefördert als auch gefordert werden. Bei der Gestaltung der Lernaufgaben ist zu berücksichtigen, dass alle Schüler einen Lernzuwachs haben – die Schwachen genauso wie die „Experten".

1.2 Kompetenzkategorien

Die Kompetenzkategorien gliedern sich auf in Selbst-/Personalkompetenz, Sozialkompetenz, Sach-/Fachkompetenz und Methodenkompetenz. Wie die Grafik (S. 8) zeigt, sind diese zwar nicht gleichartig, aber gleichwertig. Sie bedingen sich gegenseitig und sind miteinander verbunden. Je nach Schulfach und Unterrichtssituation können unter den Kompetenzkategorien unterschiedliche Gewichtungen entstehen.

Im Zusammenspiel aller Kompetenzkategorien erwerben die Kinder durch den handelnden, problemlösenden Umgang mit Lernaufgaben Wissen und Kenntnisse. Sie eignen sich methodische Vorgehensweisen und Strategien an, die sich auf andere Lernaufgaben übertragen lassen. Die Schüler entwickeln positive Haltungen und Einstellungen, die sie befähigen, selbstbewusst an eine Problemsituation heranzugehen und sie mit den ihnen bekannten Methoden zu bewältigen, sodass sich dadurch wiederum ihr Wissen und ihre Kenntnisse erweitern. Die Entwicklung einer solchen Haltung bzw. Einstellung gelingt am besten in einer lernförderlichen Klassenatmosphäre, die geprägt ist von einer wohlwollenden Lehrer-Schüler-Beziehung und einem wertschätzenden und unterstützenden Umgang der Kinder untereinander. In diesem Zusammenhang sind die kooperativen Lernformen (siehe 2.2, S. 98) besonders geeignet, da sie einen erheblichen Beitrag dazu leisten, das Selbstkonzept und die Sozialkompetenz des Einzelnen zu stärken. Durch die anwendungsbezogene, kommunikative Arbeit im Team bzw. mit einem Lernpartner und die Reflexion der gemeinsam geleisteten Arbeit gewinnen die Kinder zunehmend Vertrauen in die eigenen Fähigkeiten. Sie werden ermutigt, Eigenverantwortung zu übernehmen und selbstständig zu handeln.

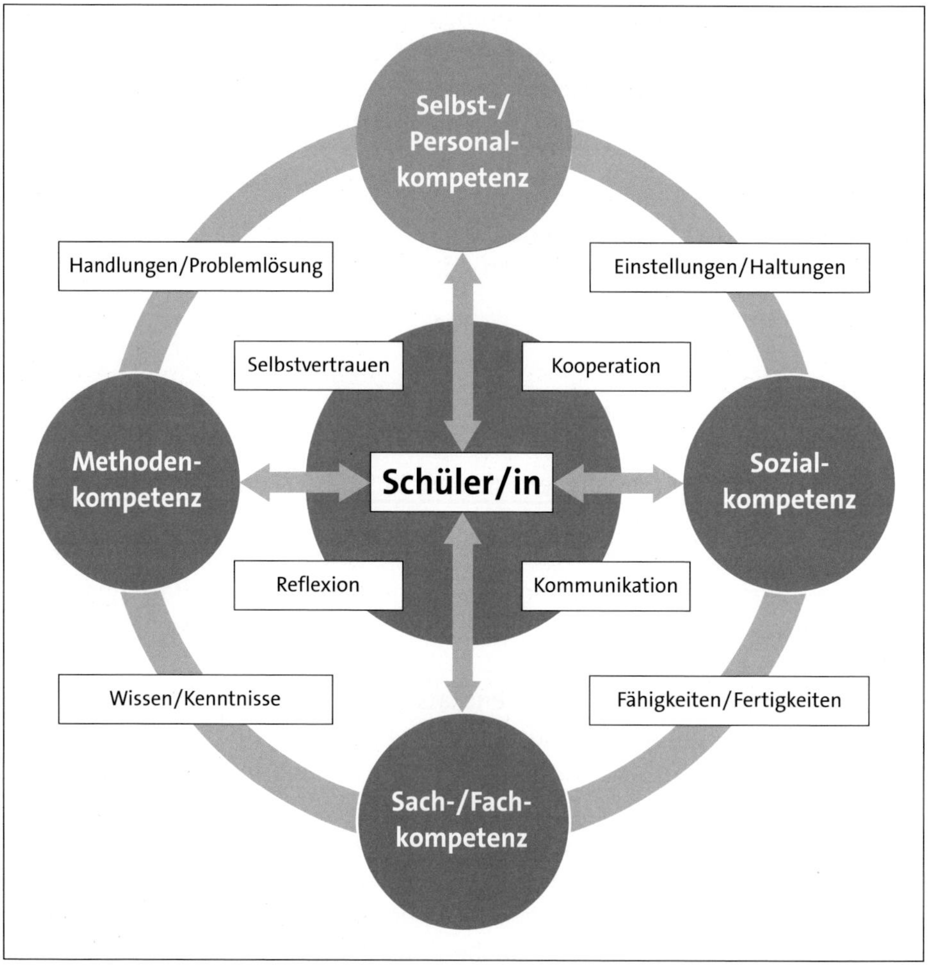
Selbst-/
Personal-
kompetenz
Handlungen/Problemlösung
Einstellungen/Haltungen
Selbstvertrauen
Kooperation
Methoden-
kompetenz
Schüler/in
Sozial-
kompetenz
Reflexion
Kommunikation
Wissen/Kenntnisse
Fähigkeiten/Fertigkeiten
Sach-/Fach-
kompetenz

1.3 Kompetenzen innerhalb der Bildungsstandards für das Fach Deutsch

In den Bildungsstandards sind im Fach Deutsch die vier Kompetenzbereiche „Sprechen und Zuhören“, „Schreiben“, „Lesen – mit Texten und Medien umgehen“, „Sprache und Sprachgebrauch untersuchen“ verbindlich vorgegeben und in Einzelpunkte untergliedert:

Sprechen und Zuhören	Schreiben	Lesen – mit Texten und Medien umgehen
• zu anderen sprechen • verstehend zuhören • Gespräche führen • szenisch spielen • über Lernen sprechen	• über Schreibfertigkeiten verfügen • richtig schreiben • Texte planen • Texte schreiben • Texte überarbeiten	• über Lesefähigkeiten verfügen • über Leseerfahrungen verfügen • Texte erschließen • Texte präsentieren

Methoden und Arbeitstechniken
Methoden und Arbeitstechniken werden jeweils im Zusammenhang mit den Inhalten jedes einzelnen Kompetenzbereichs erworben.

Sprache und Sprachgebrauch untersuchen
• grundlegende sprachliche Strukturen und Begriffe kennen • sprachliche Verständigung untersuchen • an Wörtern, Sätzen, Texten arbeiten • Gemeinsamkeiten und Unterschiede von Sprachen entdecken

Quelle: Beschluss der Kultusministerkonferenz 2005, S. 7

Die einzelnen Kompetenzbereiche sind nicht isoliert zu sehen, sondern im Unterricht übergreifend zu behandeln. Bearbeitet man einen Schwerpunkt eines Kompetenzbereiches, wird man schnell feststellen, dass er sich in der Umsetzung mit den anderen Schwerpunkten überschneidet. Die gesonderte Bearbeitung einzelner Themen, wie beispielsweise „Wir lernen die verschiedenen Satzarten kennen“ (Kompetenzbereich „Sprache und Sprachgebrauch untersuchen”), ist daher nicht sinnvoll. Vielmehr werden die Satzarten an der Stelle thematisiert, an der sie sich angemessen an einen oder mehrere Bereiche anknüpfen lassen, z. B. beim Kompetenzbereich „Schreiben“, wenn die Schüler lernen, die Personen in einem Text sprechen zu lassen.

In der Mitte des Schaubildes sind die „Methoden und Arbeitstechniken" platziert, die in die einzelnen Kompetenzbereiche einzubinden sind. Es werden keine bestimmten Methoden oder Arbeitstechniken verpflichtend vorgegeben. Wir berücksichtigen innerhalb unserer Praxisbeispiele (siehe Kap. II) besonders die kooperativen Lernformen, die die selbsttätige Wissensaneignung und das nachhaltige Lernen der Schüler intensiv fördern und unterstützen.

Den Unterpunkten der vier Kompetenzbereiche sind jeweils Standards zugeordnet, die festlegen, welche Leistungen von einem Kind am Ende des 4. Schuljahres im Fach Deutsch in der Regel erwartet werden. Die derzeitigen Bildungsstandards sind Regelstandards. Das bedeutet ein mittleres Niveau von Kompetenzen, das im Fach Deutsch für Viertklässler am Ende des Schuljahres für angemessen und zumutbar erachtet wird. Natürlich wird es immer Schüler geben, die dieses mittlere Kompetenzniveau unter- oder überschreiten (vgl. Ziener 2010, S. 62).

Die folgende Grafik bietet einen raschen Überblick über die Standards:

1. Sprechen und Zuhören
Gespräche führen • sich an Gesprächen beteiligen • gemeinsam entwickelte Gesprächsregeln beachten: z. B. andere zu Ende sprechen lassen, auf Gesprächsbeiträge anderer eingehen, beim Thema bleiben • Anliegen und Konflikte gemeinsam mit anderen diskutieren und klären
Zu anderen sprechen • an der gesprochenen Standardsprache orientiert und artikuliert sprechen • Wirkungen der Redeweise kennen und beachten • funktionsangemessen sprechen: erzählen, informieren, argumentieren, appellieren • Sprechbeiträge und Gespräche situationsangemessen planen
Verstehend zuhören • Inhalte zuhörend verstehen • gezielt nachfragen • Verstehen und Nicht-Verstehen zum Ausdruck bringen
Szenisch spielen • Perspektiven einnehmen • sich in eine Rolle hineinversetzen und sie gestalten • Situationen in verschiedenen Spielformen szenisch entfalten

Über Lernen sprechen
- Beobachtungen wiedergeben
- Sachverhalte beschreiben
- Begründungen und Erklärungen geben
- Lernergebnisse präsentieren und dabei Fachbegriffe benutzen
- über Lernerfahrungen sprechen und andere in ihren Lernprozessen unterstützen

2. Schreiben
Über Schreibfertigkeiten verfügen • eine gut lesbare Handschrift flüssig schreiben • Texte zweckmäßig und übersichtlich gestalten • den PC – wenn vorhanden – zum Schreiben verwenden und für Textgestaltung nutzen
Richtig schreiben • geübte, rechtschreibwichtige Wörter normgerecht schreiben • Rechtschreibstrategien verwenden: Mitsprechen, Ableiten, Einprägen • Zeichensetzung beachten: Punkt, Fragezeichen, Ausrufezeichen, Zeichen bei wörtlicher Rede • über Fehlersensibilität und Rechtschreibgespür verfügen • Rechtschreibhilfen verwenden: Wörterbuch nutzen, Rechtschreibhilfen des Computers kritisch nutzen • Arbeitstechniken nutzen: methodisch sinnvoll abschreiben, Übungsformen selbstständig nutzen, Texte auf orthografische Richtigkeit überprüfen und korrigieren
Texte verfassen *Texte planen* • Schreibabsicht, Schreibsituation, Adressaten und Verwendungszusammenhang klären • sprachliche und gestalterische Mittel und Ideen sammeln: Wörter und Wortfelder, Formulierungen und Textmodelle
Texte schreiben • verständlich, strukturiert, adressaten- und funktionsgerecht schreiben: Erlebtes und Erfundenes; Gedanken und Gefühle; Bitten, Wünsche, Aufforderungen und Vereinbarungen; Erfahrungen und Sachverhalte • Lernergebnisse geordnet festhalten und auch für eine Veröffentlichung verwenden • nach Anregungen (Texte, Bilder, Musik) eigene Texte schreiben

Texte überarbeiten
- Texte an der Schreibaufgabe überprüfen
- Texte auf Verständlichkeit und Wirkung überprüfen
- Texte in Bezug auf die äußere und sprachliche Gestaltung und auf die sprachliche Richtigkeit hin optimieren
- Texte für die Veröffentlichung aufbereiten und dabei auch die Schrift gestalten

3. Lesen – mit Texten und Medien umgehen

Über Lesefähigkeiten verfügen
- altersgemäße Texte sinnverstehend lesen
- lebendige Vorstellungen beim Lesen und Hören literarischer Texte entwickeln

Über Leseerfahrungen verfügen
- verschiedene Sorten von Sach- und Gebrauchstexten kennen
- Erzähltexte, lyrische und szenische Texte kennen und unterscheiden
- Kinderliteratur kennen: Werke, Autorinnen und Autoren, Figuren, Handlungen
- Texte begründet auswählen
- sich in einer Bücherei orientieren
- Angebote in Zeitungen und Zeitschriften, in Hörfunk und Fernsehen, auf Ton- und Bildträgern sowie im Netz kennen, nutzen und begründet auswählen
- Informationen in Druck- und – wenn vorhanden – elektronischen Medien suchen
- die eigene Leseerfahrung beschreiben und einschätzen

Texte erschließen
- Verfahren zur ersten Orientierung über einen Text nutzen
- gezielt einzelne Informationen suchen
- Texte genau lesen
- bei Verständnisschwierigkeiten Verstehenshilfen anwenden: nachfragen, Wörter nachschlagen, Text zerlegen
- Texte mit eigenen Worten wiedergeben
- zentrale Aussagen eines Textes erfassen und wiedergeben
- Aussagen mit Textstellen belegen
- eigene Gedanken zu Texten entwickeln, zu Texten Stellung nehmen und mit anderen über Texte sprechen

• bei der Beschäftigung mit literarischen Texten Sensibilität und Verständnis für Gedanken und Gefühle und zwischenmenschliche Beziehungen zeigen • Unterschiede und Gemeinsamkeiten von Texten finden • handelnd mit Texten umgehen: z. B. illustrieren, inszenieren, umgestalten, collagieren
Texte präsentieren • selbstgewählte Texte zum Vorlesen vorbereiten und sinngestaltend vorlesen • Geschichten, Gedichte und Dialoge vortragen, auch auswendig • ein Kinderbuch selbst auswählen und vorstellen • verschiedene Medien für Präsentationen nutzen • bei Lesungen und Aufführungen mitwirken

4. Sprache und Sprachgebrauch untersuchen
Sprachliche Verständigung untersuchen • Beziehung zwischen Absicht – sprachlichen Merkmalen – Wirkungen untersuchen • Unterschiede von gesprochener und geschriebener Sprache kennen • Rollen von Sprecher/Schreiber – Hörer/Leser untersuchen und nutzen • über Verstehens- und Verständigungsprobleme sprechen
An Wörtern, Sätzen, Texten arbeiten • Wörter strukturieren und Möglichkeiten der Wortbildung kennen • Wörter sammeln und ordnen • sprachliche Operationen nutzen: umstellen, ersetzen, ergänzen, weglassen • die Textproduktion und das Textverständnis durch die Anwendung von sprachlichen Operationen unterstützen • mit Sprache experimentell und spielerisch umgehen
Gemeinsamkeiten und Unterschiede von Sprachen entdecken • Deutsch – Fremdsprache, Dialekt – Standardsprache; Deutsch – Muttersprachen der Kinder mit Migrationshintergrund; Deutsch – Nachbarsprachen • gebräuchliche Fremdwörter untersuchen

Grundlegende sprachliche Strukturen und Begriffe kennen und verwenden
- Es geht hier in erster Linie um die mit Begriffen und Strukturen gemeinten Kategorien. Die Bezeichnungen dafür können unterschiedlich sein.

Wort
- Buchstabe, Laut, Selbstlaut, Mitlaut, Umlaut, Silbe, Alphabet
- Wortfamilie, Wortstamm, Wortbaustein
- Wortfeld
- Wortart
- Nomen: Einzahl, Mehrzahl, Fall, Geschlecht
- Verb: Grundform, gebeugte Form, Zeitformen: Gegenwart, Vergangenheitsformen
- Artikel: bestimmter Artikel, unbestimmter Artikel
- Adjektiv: Grundform, Vergleichsstufen
- Pronomen
- andere Wörter (alle hier nicht kategorisierten Wörter gehören zu dieser Restkategorie)

Satz
- Satzzeichen: Punkt, Komma, Fragezeichen, Ausrufezeichen, Doppelpunkt, Redezeichen
  Satzart: Aussage-, Frage-, Ausrufesatz
  wörtliche Rede
- Subjekt
- Prädikat/Satzkern
- Ergänzungen: Satzglied; einteilige, mehrteilige Ergänzung
- Vergangenheit, Gegenwart, Zukunft (als Zeitstufen)

aus: Bremerich-Vos u. a., 2011, S. 17ff.

2 Konsequenzen für den Unterricht

Wie die vorangegangenen Ausführungen gezeigt haben, geht es im kompetenzorientierten Unterricht nicht um die Erneuerung von Lerninhalten, sondern darum, sie methodisch so aufzubereiten, dass die Kinder unterschiedliche Kompetenzen erwerben können. Der Blickwinkel auf die Vermittlung der Unterrichtsinhalte hat sich folglich grundlegend verändert. Die Lehrerin, die kompetenzorientiert unterrichtet, betrachtet die Lerninhalte aus der Sicht der Schüler und plant Lernprozesse, die es den Kindern ermöglichen, sich eigenaktiv die angestrebten Kompetenzen anzueignen. Es geht grundsätzlich darum, die Kompetenzen der Schüler im kognitiven, sprachlichen, kommunikativen, methodischen, gestalterischen, sozialen und personalen Bereich auszubilden bzw. zu erweitern. Mit „Kompetenzorientierung" ist dabei nicht das Austeilen von Aufgabenblättern unter Berücksichtigung verschiedener Kompetenzstufen gemeint. Vielmehr geht es darum, sich hinsichtlich der Planung und Gestaltung kompetenzorientierten Unterrichts mit folgenden Fragen auseinanderzusetzen:

1) Wie kann ich entsprechend der vorgegebenen Standards Unterrichtsinhalte so aufbereiten, dass die Kinder sie sich eigenaktiv und selbstständig aneignen?
2) Welche Lernformen sind dafür gut geeignet?
3) Welche Fähigkeiten haben die Kinder nach der geleisteten Arbeit erworben bzw. welche Fähigkeiten wurden angebahnt?

Bei der eigenen Unterrichtsplanung sollte man außerdem darauf achten, bereits geübte Kompetenzen immer wieder aufzugreifen, da sie sich nicht durch eine einmalige Unterrichtssituation institutionalisieren lassen. Eine Festigung der Kompetenzen erreicht man zum einen durch verschiedene Unterrichtsinhalte, zum anderen unterstützt der Wiederholungseffekt die Kompetenzanbahnung und -erweiterung.

2.1 Gute Lernaufgaben

Kurz zusammengefasst zeichnen sich gute Lernaufgaben durch folgende Kriterien aus (vgl. Landesinstitut für Schule/Qualitätsagentur – NRW: Standardorientierte Unterrichtsentwicklung):

- Sie haben eine klare Zieltransparenz und stehen in einem thematischen Zusammenhang, der komplex und in der Regel bereichsübergreifend konzipiert ist.
- Sie ermöglichen das Lernen von Strategien, die bei neuen Aufgabenstellungen wieder angewandt werden können.
- Sie greifen bereits erworbene Fähigkeiten und Kenntnisse auf, integrieren sie in die neue Lernaufgabe und bewirken dadurch ein vernetztes Denken.
- Sie geben Raum für die Kommunikation der Lernpartner in kooperativen Lernsituationen, um eine zunehmende Selbststeuerung des Lernens zu erreichen.
- Sie beinhalten die Reflexion der Lernprozesse und des eigenen Lernverhaltens.

Gute Lernaufgaben eröffnen den Schülern vielfältige Lernmöglichkeiten mit natürlicher Differenzierung. Sie geben den Kindern die Gelegenheit, miteinander zu kommunizieren, sich aktiv handelnd mit den Inhalten auseinanderzusetzen und dabei kooperativ mit Lernpartnern zusammenzuarbeiten. Sie unterscheiden sich klar von den Aufgaben, die zur Leistungserhebung gedacht sind, bei denen Fehler vermieden werden müssen und die zur Einzelbewertung der Ergebnisse führen. Gute Lernaufgaben sind prozessorientiert, das heißt, Lernwege rücken in den Vordergrund. Folglich steht nicht die Lehrerin im Zentrum des Unterrichts, sondern der Schüler. Auf den Lernwegen muss es Möglichkeiten zur Zusammenarbeit und zum Austausch der Kinder untereinander geben. Fehler sind erlaubt, denn aus ihnen kann man lernen. Die Kinder können ihre Neugier und Kreativität einbringen, um zu Lösungen zu kommen. „Wenn Kinder probieren und experimentieren, wenn sie Fehler machen dürfen, wenn sie Umwege gehen und sich mit ihren Mitschülern über verschiedene Lösungswege verständigen können, wenn sie erfahren, dass der gewählte Weg nicht oder ein anderer Weg eher zum Ziel führt und auch lernen, das zu akzeptieren, dann können sie wirklich lernen. Kinder können dann von anderen Kindern lernen, sie können mit anderen Kindern lernen und sie lernen ganz individuell." (Kurhofer 2000)

Auf diesen Wegen ist das Kind selbst für seine Lernfortschritte verantwortlich. Es ist Aufgabe der Lehrerin, dafür zu sorgen, dass jedes Kind Lernfortschritte machen kann. Sie bereitet die Lernaufgaben so vor, dass die Möglichkeit zur natürlichen Differenzierung besteht. Nicht die Lehrerin teilt die Kinder in Niveaustufen (z. B. leicht, mittel, schwierig) ein, sondern die Kinder wählen selbst aus, welche Arbeit sie ausführen wollen. Kein Kind möchte sich auf Dauer unter- oder überfordern, sodass man sich als Lehrerin keine Sorgen machen muss, dass die Kinder auf Aufgaben zugreifen, die zu leicht oder zu schwierig für sie sind. Wenn sie auf einem Weg nicht weiterkommen, werden sie einen anderen wählen, entsprechend ihrer momentanen Fähigkeiten. Die Aufgaben können gemeinsam mit zufällig oder bewusst gewählten Lernpartnern bearbeitet werden. Natürlich hat auch die Lehrerin als Lernbegleiterin die Möglichkeit, einem Kind einen ihr sinnvoll erscheinenden Lernweg vorzuschlagen. Das ist dann ein Lösungsweg unter vielen, den das Kind wählen wird, wenn es merkt, dass er zum Erfolg führt, den es aber nicht wählt, weil die Lehrerin das so will.

2.2 Kooperative Lernformen

Generell gilt, dass alle Lernformen geeignet sind, die den anvisierten Kompetenzerwerb in der jeweiligen Lernsituation unterstützen. Besonders empfehlenswert sind solche Lernformen, die es den Kindern ermöglichen, sich selbsttätig und kommunikativ mit den Unterrichtsinhalten auseinanderzusetzen. Die Pyramide zeigt eindrucksvoll, dass Schüler Lerninhalte am besten verarbeiten und abspeichern, wenn sie selbst aktiv sind und noch dazu anderen Kindern etwas beibringen oder erklären.

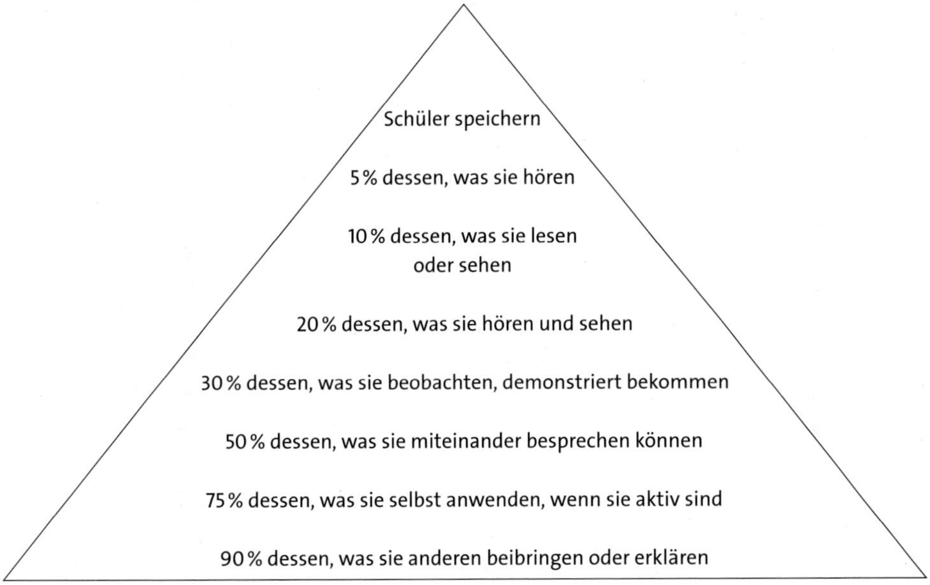

Bochmann/Kirchmann 2006, S. 20

Um eine eigenaktive, kommunikative und effektive Zusammenarbeit der Schüler zu fördern, bei der sie gleichzeitig persönliche, soziale und methodische Kompetenzen ausbilden, werden in diesem Buch die Lernaufgaben bevorzugt mit kooperativen Lernformen verknüpft. Sie eignen sich besonders gut, um mit einem Partner oder in der Gruppe gemeinsam ein Thema zu bearbeiten. „Wenn es dem Lehrer gelingt, einen Unterrichtsprozess so zu gestalten, dass jeder einzelne Schüler während des Unterrichts höhere Sprechanteile besitzt und aktiver als der Lehrer selbst ist, kann er sicher sein, dass seine Schüler deutlich bessere Lernergebnisse erzielen werden. ‚Nur derjenige der aktiv ist, ist auch derjenige, der lernt.'" (Bochmann/Kirchmann 2006, S. 20)

Die kooperativen Lernformen[2] lassen sich unterteilen in Methoden zur Partner- bzw. Gruppenfindung, zur Partner- bzw. Gruppenarbeit und zur Reflexion. Die Methoden der Partner- und Gruppenfindung unterliegen überwiegend dem Zufallsprinzip. Auch wenn dadurch womöglich die schwächsten Kinder zu Lernpartnern werden, erreichen sie einen Lernzuwachs. Die Lehrerin kann sich, wenn nötig, solchen Gruppen unterstützend widmen. Schwierigkeiten in der Partner- und Gruppenarbeit basieren weniger auf geringer fachlicher Kompetenz als auf mangelnder Sozialkompetenz. Die Sozialkompetenz ist eine Schlüsselkompetenz, die gerade durch die kooperativen Lernformen weiterentwickelt werden kann. Die kooperativen Lernformen in der Partner- bzw. Gruppenarbeit dienen

[2] Die kooperativen Lernformen werden im Zusammenhang mit den Praxisbeispielen genauer erläutert (vgl. S. 98 ff.).

- zur Aktivierung des Vorwissen, der eigenen Erfahrungen und der persönlichen Meinungen,
- zur Erarbeitung bzw. Verarbeitung von Informationen,
- zum Üben und Wiederholen.

Im weiteren Verlauf des Buches werden folgende kooperative Lernformen aufgegriffen (vgl. Bochmann/Kirchmann 2006 und 2008):

- Methoden zur Partnerfindung: Verabredungskalender, Wortkarten, Kartenpaare, Line-up
- Methoden zur Gruppenfindung: Rollenkarten, Gummibärchen, Line-up
- Methoden zur Partnerarbeit: Meetingpoint, Pair-Check, Doppelkreis, Eckenplausch, Allein, zwei ..., vier ...
- Methoden zur Gruppenarbeit: Placemat, Meetingpoint, Schreibkette, Jigsaw (STEX), Think-Pair-Square, Rollenkarten, Lesezirkel

2.3 Reflexion der geleisteten Arbeit

Der Rückblick auf die geleistete Arbeit ist ein unabdingbarer Bestandteil des kompetenzorientierten Unterrichtens. Die Lehrerin „fördert die Metakognitionen der Schüler. Das bedeutet konkret, dass sie eine Reflexions-, Gesprächs- und Feedbackkultur entfaltet, in der sich die Schüler ihrer neu erworbenen Sach-, Methoden-, Sozial- und Selbstkompetenzen bewusst werden können und die Themen und Aufgabenstellungen als persönlich sinnstiftend erleben." (Meyer 2007, S. 167)

Über die Reflexion gelingt es den Kindern, einen persönlichen Bezug zu ihrem Schaffen aufzubauen. Sie setzen sich individuell mit ihrer Lernhaltung, ihrer Arbeitseinstellung und ihrem Lernzuwachs auseinander. Die Bewertung der Partner- und Gruppenarbeit durch die beteiligten Kinder trägt dazu bei, die Fähigkeit zur Kooperation und Kommunikation weiterzuentwickeln sowie Methoden und Lernstrategien zu optimieren.

Die verschiedenen Kompetenzkategorien können auf unterschiedliche Weise reflektiert werden, z. B. im Klassengespräch, durch Lerntagebücher, Lernbegleithefte, Portfolios, Selbst- und Fremdeinschätzungsbögen, Reflexionskärtchen, die Drei-Finger-Einschätzung und das Sozialziele-Center. Wichtig ist, dass in Reflexionsphasen thematisiert wird, was gut gelungen ist, um die Schüler zu motivieren und ihr Selbstwertgefühl zu stärken. Anstatt Fehler ausführlich zu besprechen, ist es sinnvoller, konstruktive Verbesserungsvorschläge zu machen. Besonders wirksam sind die Vorschläge, die von den Kindern selbst kommen.

II Kompetenzorientiert unterrichten: Praxisbeispiele

Wie bereits erwähnt, umfasst das Fach Deutsch die vier Kompetenzbereiche „Sprechen und Zuhören", „Schreiben", „Lesen – mit Medien umgehen" sowie „Sprache und Sprachgebrauch untersuchen". Zu jedem Kompetenzbereich wiederum gehören die zu vermittelnden Kompetenzen. Diese Gliederung findet sich auch im folgenden Praxisteil wieder. Das bedeutet, dass jedem Kompetenzbereich mehrere Unterrichtsbeispiele zugeordnet sind, die die jeweils geforderten Kompetenzen berücksichtigen bzw. abdecken.

Zunächst erfolgt ein kurzer Überblick über den jeweiligen Kompetenzbereich. Daran schließen sich die einzelnen Unterrichtsbeispiele an, die schwerpunktmäßig bestimmte Kompetenzen anbahnen bzw. erweitern. Hier wurde bewusst auf eine Vernetzung der verschiedenen Kompetenzbereiche des Faches Deutsch und der methodischen und sozialen Kompetenzen geachtet.

Die Hinweise zum Unterricht umfassen die Vorbereitungsarbeiten und die benötigten Materialien sowie den Unterrichtsablauf inklusive der kooperativen Lernformen und der Reflexion. Zum Teil sind auch Präsentation und Festigung integriert. Mögliche Anschlussaufgaben mit dem Verweis auf weitere Kompetenzen finden sich ebenfalls bei einigen Praxisbeispielen.

Sämtliche Vorschläge sind in sich stimmig konzipiert und dadurch oft umfangreich. Sie können als Sequenz betrachtet werden, die sich in mehrere Unterrichtseinheiten unterteilen lässt.

1 Sprechen und Zuhören

1.1 Gespräche führen: Gesprächsregeln finden

Jedes soziale Gefüge braucht Verhaltensregeln, die allgemein gültig sind. Insbesondere benötigt man diese auch während des Unterrichts, vor allem solche, die Gespräche betreffen. Wichtig ist hierbei, dass diese Regeln immer und dauerhaft gelten und von allen Klassenmitgliedern akzeptiert werden. Nur so können Regelverstöße auf ein Minimum reduziert werden. Die Lehrerin fungiert dabei als Schiedsrichter. Sie ermahnt und sanktioniert bei wiederholtem Regelverstoß. Ihre wichtigste Funktion besteht aber darin, die Schüler zum Einhalten der Regeln zu motivieren und Dinge positiv hervorzuheben, die gut funktionieren.

Erfahrungsgemäß ist es so, dass Regeln, die ein System sich selbst gibt, eher eingehalten werden, als Regeln, die von außen übergestülpt werden. Deshalb ist es auch im Klassenverband wichtig, Regeln mit den Schülern zu erarbeiten und nicht nur fertige, von der Lehrerin vorgegebene Regeln zu besprechen. Zieht man im Anschluss an eine Sequenz zur Erarbeitung von Klassenregeln Bilanz, stellt man schnell fest, dass die Regeln, welche die Kinder gefunden haben und für wichtig erachten, nahezu deckungsgleich mit den Regeln sind, die man selbst als Lehrerin eingehalten wissen möchte. Der große Unterschied beider Methoden , selbst erarbeitete und von außen übergestülpte Regeln, liegt in der Motivation diese einzuhalten. Eine Klasse, die sich selbst Regeln auferlegt, identifiziert sich viel mehr mit ihnen, als Kinder, die sich an vorgegebene Regeln halten müssen. Die Schüler legen deshalb auch einen größeren Wert darauf, dass ihre Regeln von allen befolgt werden. Manchen Schülern fällt es schwerer, sich an Regeln zu halten. Deshalb ist es vor allem in der 1. und 2. Klasse wichtig, Regeln im Klassenzimmer zu visualisieren. Am besten geschieht dies zusammen mit einem Vertrag, den alle Mitglieder der Klassengemeinschaft unterschreiben.

Kompetenzen

- gemeinsam entwickelte Gesprächsregeln beachten (z. B. andere zu Ende sprechen lassen, beim Thema bleiben usw.)
- Inhalte zuhörend verstehen

Nahezu jede Lehrerin plant bereits für die erste Schulwoche die Erarbeitung bzw. die Besprechung der Klassen- und Gesprächsregeln mit ein. Damit soll der störungsfreie Ablauf des Unterrichts für den Rest des Schuljahres gesichert werden. Dabei kommen die zuvor erwähnten Methoden zum Einsatz: Entweder stellt die Lehrerin die Regeln auf und erarbeitet mit den Schülern deren Inhalt, was sicherlich zeitsparend ist. Oder die Schüler erarbeiten selbst ihre Regeln für die Klassengemeinschaft. Bei dieser Variante wird der kompetenzorientierte Ansatz verfolgt. Im Folgenden wird zuerst eine eher schülerzentrierte Einheit vorgestellt und im Anschluss daran eine lehrergesteuerte, jedoch schülerorientierte Unterrichtseinheit, die ebenfalls kompetenzorientiert ausgerichtet ist.

Wie man an das Thema Klassen-/Gesprächsregeln herangeht, ist vor allem davon abhängig, wie die eigene Klasse strukturiert ist. Sicher ist in den meisten Fällen eine Kombination der beiden Vorgehensweisen sinnvoll.

Hinweise zum Unterricht: schülerzentrierte Vorgehensweise

Vorbereitung
- zeitlicher Aufwand: mindestens eine Doppelstunde einplanen
- Stuhlkreis
- verschiedenfarbiges Tonpapier
- Kleber
- Buntstifte

Materialien auf CD-ROM ◎
- Rollenkärtchen (KV 1/KV 2), S. 24/25
- Rollenkarten für die Tafel (KV 5), S. 26
- Bildkarten für die Gruppenarbeit (KV 6), S. 27
- Klassenvertrag (KV 7), S. 28
- Arbeitsauftrag Klassenregeln (KV 8), S. 29

Ablauf
Für die 2. Klasse gibt die Lehrerin den Schülern den Auftrag, sich zunächst gemeinsam mit einem Partner am Platz über wichtige Gesprächsregeln auszutauschen. Danach werden Gruppen gebildet. In der 1. Klasse geschieht dies ohne Zeit-Manager, Gesprächsleiter und Regelwächter (KV 1/KV 2), da Regeln, die es zu bewachen gilt, ja erst aufgestellt werden müssen. In der 2. Klasse werden die bereits gesicherten Rollen von einzelnen Gruppenmitgliedern übernommen. Ergänzt werden können diese evtl. durch (KV 5):
- **einen Berichterstatter** (dieser berichtet dem Plenum im Anschluss an die Gruppenarbeit über die Ergebnisse der gemeinsamen Arbeit)
- **einen Schreiber** (dieser schreibt alles Wichtige für den Berichterstatter auf)
- **einen Material-Manager** (dieser besorgt alle nötigen Materialien, z. B. Papier, Stifte usw.)
- **einen Flüsterstimmenchef** (dieser achtet darauf, dass innerhalb der Gruppenarbeit die Lautstärke nicht zunimmt, sondern moderat bleibt)

(Bochmann/Kirchmann, 2008, S. 162 f.)

In der Gruppe tauschen sich die Schüler nun zunächst über die Ergebnisse ihrer Partnerarbeit aus. Danach überlegen sie sich die Gestaltung eines Plakats mit den für sie wichtigen Klassenregeln.

In der 1. Klasse wird die Plakatgestaltung erst neben dem Stundenthema im Sitzkreis thematisiert. Für Kinder der 2. Klasse ist es durchaus möglich, Regeln auch in Stichpunkten oder Sätzen zu fixieren, während es für die meisten Kinder der 1. Klasse noch schwierig ist, einzelne Wörter zu verschriften. Daher stellen Schüler der 1. Klasse ihre Regeln hauptsächlich über Bilder dar. Im Anschluss an die Gruppenarbeit werden die Ergebnisse im Klassenverband vorgestellt. Die Schüler erklären, was die Bilder bedeuten bzw. lesen ihre Stichpunkte und Regeln vor. Jetzt müssen die Kinder nur noch überlegen oder abstimmen, welche Regeln für sie als Klassengemeinschaft verbindlich sind. Diese gemeinsamen Regeln werden dann auf den Plakaten notiert, diese werden im Klassenzimmer aufgehängt und der Klassenvertrag (KV 7) wird von allen Beteiligten als verbindliche Vereinbarung unterschrieben. Einzelne Regeln können als **Regel der Woche** (z. B. Regeln, deren Einhaltung schwieriger ist) intensiver in den Mittelpunkt gestellt werden.

Über Lernen nachdenken
Nach einer gewissen Zeit können die Klassenregeln noch einmal im Unterricht aufgegriffen werden. Möglicherweise werden sie von den Schülern nun auch ergänzt oder verändert. Auch dies lässt sich gut in der Gruppe mit den bereits bestehenden Plakaten durchführen. Je nach Gruppendiskussion werden Regeln auf dem Plakat ergänzt, geändert oder sogar gestrichen. Das Schöne dabei ist, dass hiermit auch der Prozess der Regelerarbeitung und des Regelverständnisses sichtbar gemacht werden kann.

Hinweise zum Unterricht: lehrergesteuerte, schülerorientierte Vorgehensweise

Vorbereitung
- Stuhlkreis
- Bildkarten – Klassenregeln
- Papier und Stifte zur Differenzierung

Materialien auf CD-ROM ◎
- Rollenkärtchen (KV 1/KV 2), S. 24/25
- Rollenkarten für die Tafel (KV 5), S. 26
- Bildkarten für die Gruppenarbeit (KV 6), S. 27
- Klassenvertrag (KV 7), S. 28
- Arbeitsauftrag Klassenregeln (KV 8), S. 29

Ablauf

Im Stuhlkreis bespricht die Lehrerin mit den Schülern das Thema der Stunde. Danach finden sich die Kinder in ihren Gruppen zusammen und erhalten Symbolkarten (KV 6). Auf diesen Bildkarten sind drei Klassenregeln für Kinder der ersten und zweiten Klasse dargestellt. Wer mehr oder andere Regeln für seine Klasse wichtig findet, kann selbst noch weitere Karten hinzufügen. Im Anschluss besprechen die Kinder den Arbeitsauftrag der Lehrerin: *„Schau dir die Symbolkarten genau an und erkläre die Regeln.“*

Für schnelle Gruppen kann zur Differenzierung noch ein weiterer Arbeitsauftrag gestellt werden: *„Gibt es noch andere wichtige Klassenregeln?“*

Für die 1. Klasse erteilt die Lehrerin den Arbeitsauftrag mündlich, für die 2. Klasse schriftlich (KV 8). Im Anschluss an die Gruppenarbeit werden die Symbolkarten durch einzelne Schüler erklärt. Die Erklärungen werden durch die anderen Kinder ergänzt. Zusätzliche Regeln, falls welche gefunden wurden, werden besprochen. Die Bilder werden im Klassenzimmer aufgehängt und der Klassenvertrag wird unterschrieben (KV 7). Auch hier können einzelne Regeln zur ***Regel der Woche*** erklärt werden.

Über Lernen nachdenken

Nach einigen Wochen werden die Klassenregeln noch einmal erneut besprochen. In einem Reflexionsgespräch erklären die Schüler, welche Regeln ihnen leicht fallen und welche eher schwerer einzuhalten sind. Wichtig ist hierbei zu überlegen, warum manche Regeln schwerer einzuhalten sind als andere und was getan werden kann, damit die Regeleinhaltung in Zukunft besser klappt.

Mögliche Anschlussaufgaben

Um Klassenregeln noch bewusster zu trainieren, übernehmen im Gesprächskreis einzelne Schüler die Aufgabe des Regelwächters (siehe auch Klassenrat), der darauf achtet, dass die Klassenregeln von allen eingehalten werden.

KV 1

Gesprächsleiter

Regelwächter

Zeitmanager

Protokollschreiber

Protokolle
zum Klassenrat

Klassenrat

KV 2

	Regelwächter
	Regelwächter
	Zeitmanager
	Zeitmanager
	Protokollschreiber
	Protokollschreiber

KV 5

Wortkarten für die Tafel

Berichterstatter

Schreiber

Material-Manager

Flüsterstimmenchef

KV 6

Bildkarten für die Gruppenarbeit – Thema: Klassenregeln

KV 7

Klassenvertrag

Wir wollen unsere Klassenregeln einhalten.

KV 8

Gibt es noch andere wichtige Klassenregeln?

1. Schau dir die Symbolkarten genau an und erkläre die Regeln.

2. Gibt es noch andere wichtige Klassenregeln?

Gibt es noch andere wichtige Klassenregeln?

1. Schau dir die Symbolkarten genau an und erkläre die Regeln.

2. Gibt es noch andere wichtige Klassenregeln?

1.2 Zu anderen sprechen: Mit Kindern philosophieren

„Kinder stellen Fragen, Kinder wollen Antworten und Kinder sind neugierig. Sie wollen ihre Welt entdecken und verstehen!“ (Brossardt u. a. 2007, S. 4)
Beim Philosophieren sprechen die einzelnen Teilnehmer zueinander und nehmen oft auch Bezug auf das, was zuvor gesagt wurde. Die Themen für philosophische Gespräche in der Grundschule basieren auf den Fragen der Kinder. Gedanken zu bestimmten Themen werden anderen mitgeteilt, Gedanken anderer aufgegriffen. Durch das Gespräch lernen Kinder neben dem artikulierten Sprechen, was unabdingbar erscheint, wenn andere einen verstehen sollen, außerdem auch funktions- und situationsangemessen zu sprechen.

„Philosophische Inhalte werden kindgerecht aufbereitet. Auf diese Weise wird die Persönlichkeitsentwicklung und Werteorientierung der Kinder im positiven Sinne beeinflusst: Die Kinder lernen kreatives Denken, eigenständige Urteilsbildung und Offenheit gegenüber Andersdenkenden.“ (Brossardt u. a. 2007, S. 4)

Kompetenzen
- an der gesprochenen Standardsprache orientiert und artikuliert sprechen
- Wirkungen von Redeweisen kennen und beachten
- funktionsangemessen sprechen
- Sprechbeiträge situationsangemessen planen
- Inhalte zuhörend verstehen
- gezielt nachfragen
- Verstehen und Nicht-Verstehen zum Ausdruck bringen

Die Intention des Philosophierens mit Kindern in der Schule liegt sicherlich vor allem darin, Kinderfragen zu beantworten und Kinder im Sinne der Werteerziehung auf ein sinnvolles Leben vorzubereiten.

„Das Erziehungsleitbild stützt sich auf diejenigen Werte, die Basis für ein demokratisches Miteinander sind: Gleichberechtigung, freie Entfaltung und Eigenständigkeit jeder Person, Anerkennung von Verschiedenheit, ein respektvoller und friedlicher Umgang miteinander sowie Aufrichtigkeit und Solidarität.“ (Wiesheu u. a. 2007, S. 2)

Durch das philosophische Gespräch werden des Weiteren alle oben angeführten fachlichen Kompetenzen angewandt und eingeübt.

Hinweise zum Unterricht

Vorbereitung
- Text „Die Glücksmurmel“ als Basis für ein philosophisches Gespräch
- Arbeitsblätter mit Anschlussaufgaben im Klassensatz
- Erzählstein/Knautschball
- Arbeitsaufträge für die Gruppenarbeit (Anzahl der Gruppen)

Materialien auf CD-ROM ◎
- Text „Die Glücksmurmel“ als Anlass für ein philosophisches Gespräch (KV 13), S. 33
- Arbeitsblätter mit Anschlussaufgaben (KV 14 – KV 17), S. 34
- Arbeitsaufträge für die Gruppenarbeit (KV 18), S. 35
- Philosophische Fragen für die 1. und 2. Klasse (KV 19), S. 36

Ablauf
Philosophische Gespräche sollten von der Lehrerin mit Bedacht gestaltet werden. Die Atmosphäre hat beim Philosophieren eine besondere Bedeutung und sollte stets von allen Beteiligten als angenehm empfunden werden. Oft trägt dazu positiv bei, wenn ein bestimmtes Zeitfenster für das gemeinsame Gespräch eingehalten wird. „Neben dem zeitlichen Rahmen spielt auch die räumliche Umgebung für das Philosophieren eine wichtige Rolle. Die Gestaltung eines eigens dafür vorgesehenen Zimmers oder die Verwendung entsprechender Utensilien erleichtern den Übergang in die Welt der Gedanken.“ (Brossardt u. a. 2007, S. 80 f.)

In der Schule wird man sich meist auf bestimmte Utensilien beschränken, z. B. einen Gesprächsstein oder Knautschball, der von der Klasse nur zum Philosophieren benützt wird. Aber auch eine bestimmte, entspannende Musik zur Einstimmung kann für den richtigen Rahmen sorgen.

Bei der geplanten philosophischen Einheit geht es um die Frage nach dem Glück. Um das philosophische Gespräch als Lehrerin zu leiten, ist es sinnvoll, sich einige Impulsfragen zurechtzulegen:
- Was ist Glück?
- Wann bin ich glücklich?

Weitere Impulsfragen zum Glück finden sich auch in „Ich bin ich. Oder?“ (Akademie Kinder philosophieren im bbw e. V. (Hrsg.) 2008, Infanteriestraße 8, 80797 München, www.kinder-philosophieren.de) z. B.:
- Gibt es verschiedene Arten von Glück?
- Kann man Glück messen?
- Woher weiß man, was man sich am meisten wünscht?

- Kann ich nur glücklich sein, wenn sich meine Wünsche erfüllen?
- Was können wir tun, um glücklich zu sein?
- Was ist der Unterschied zwischen „zufrieden“ und „glücklich“?

Der Text „Die Glücksmurmel“ (KV 13) eignet sich zum Vorlesen und zur Arbeit in der Gruppe. Für die 1. Klasse ist der Text zu umfangreich, um von den Schülern selbstständig erlesen zu werden. Hier kann die Lehrerin mit dem Vorlesen im Stuhlkreis beginnen, um dann das Gespräch durch Impulsfragen einzuleiten und zu steuern. Hier gilt eine wichtige Regel im philosophischen Gesprächskreis: Nur derjenige, der den Erzählstein/Knautschball gerade hat, darf auch sprechen. Diese Regel gilt natürlich ebenso für die Lehrerin. In der 2. Klasse können die Schüler selbstständig den Text erlesen und dann in der Gruppe gemeinsam die Arbeitsaufträge zur Gruppenarbeit (KV 18) bearbeiten. Nach einer gewissen Zeit fordert die Lehrerin die Schüler auf, sich im Stuhlkreis zu treffen. Hier beginnt das gemeinsame philosophische Gespräch. Der Text und die Arbeitsaufträge der Gruppenarbeit sollen die Kinder auf das folgende Gespräch einstimmen. Die Lehrerin achtet auf die Einhaltung der Gesprächsregeln, sollte aber auf keinen Fall wertend in das Gespräch eingreifen und den Kindern ihre Meinung aufdrängen. Gerät das Gespräch ins Stocken, hilft es oft, die vorhergehenden Äußerungen zu wiederholen. So z. B.: *„Habe ich dich richtig verstanden, dass du meinst ...?“* Nach einiger Zeit wird die Lehrerin dann das Gespräch beenden und den Kindern Möglichkeiten zur Weiterarbeit bzw. zur Reflexion bieten. Hier ist es sinnvoll, wenn die Kinder einzeln weiterarbeiten bzw. das Thema für sich alleine abschließen und sich somit nochmals vertieft und individuell damit auseinandersetzen (KV 14–17). Wer möchte, kann auch hierbei ganz leise die Musik zur Einstimmung wieder im Hintergrund laufen lassen, insofern sich die Schüler dadurch nicht gestört fühlen.

Über Lernen nachdenken

Beim Philosophieren über das Lernen im herkömmlichen Sinn zu sprechen erscheint zunächst schwierig. Wer dennoch mit seinen Schülern diesen Weg gehen möchte, sollte sich gut überlegen, wie er die gemeinsame Reflexion leitet. Hilfreich können Fragen sein wie:

- Was war für dich die interessanteste Äußerung im Gespräch?
- Wie hast du für dich weitergearbeitet und warum hast du dich dafür entschieden?
- Worüber möchtest du als nächstes philosophieren?

Mögliche Anschlussaufgaben

Beim Philosophieren geht es eigentlich um Fragen und weniger um Aufgaben. Philosophische Fragen, die sich gut für die 1. und 2. Klasse eignen, bietet KV 19.

KV 13

Name: ______________________ Datum: ____________

Die Glücksmurmel

Eines Nachmittags schaute Jonas gelangweilt aus seinem Fenster und beobachtete einen Jungen, der viel Spaß auf dem Spielplatz vor dem Haus hatte. Der Junge trug eine kaputte Hose und ein zerrissenes T-Shirt. „Der sieht aber arm aus", dachte sich Jonas. Er wollte gerne mit ihm spielen und lief nach draußen. „Hallo, bist du auf der Suche nach dem Glück?", fragte der Junge, als Jonas neben ihm stand. „Das ist aber eine komische Frage", meinte Jonas und wunderte sich. „Vielleicht hast du es jetzt gefunden", sprach der Junge weiter. „Hier bei dir?", wollte Jonas wissen. „Denkst du, dass ich nicht glücklich bin?", fragte der fremde Junge und deutete dabei auf seine kaputte Kleidung. Jonas fand die Frage sehr seltsam und überlegte sich gerade, ob er nicht doch wieder zurück in sein Zimmer gehen sollte. Da zeigte der Junge ihm eine Murmel. „In dieser Murmel versteckt sich das Glück", behauptete er. „So ein Quatsch!", dachte Jonas. „Wenn du einmal Glück brauchst, schau die Murmel an." „Aber es ist deine Murmel und nicht meine", erwiderte Jonas. „Ich schenke sie dir", sagte der Junge. Jonas nahm die Murmel etwas zögernd entgegen und bedankte sich. Danach spielten die beiden zusammen und hatten bis zum Abend viel Spaß. Als Jonas ins Bett ging, dachte er voller Freude an den schönen Tag. Da kullerte die Murmel plötzlich aus seiner Hose. „Dich hätte ich fast vergessen", meinte er und legte sie auf sein Regal. In dieser Nacht träumte Jonas von der Murmel und dem Glück, das in ihr versteckt war.

KV 14

Name: ______________________ Datum: ____________

Hier ist Platz für deine Gedanken zum Gespräch:

Hier ist Platz für ein Bild zu deinen Gedanken:

KV 18

Arbeitsaufträge

1. Lest den Text gemeinsam in eurer Gruppe.
2. Klärt gemeinsam schwierige Wörter.
3. Erzählt euch gegenseitig noch einmal die Geschichte.

☺ **Für ganz Schnelle**: Überlegt euch, wovon Jonas geträumt hat.

Arbeitsaufträge

1. Lest den Text gemeinsam in eurer Gruppe.
2. Klärt gemeinsam schwierige Wörter.
3. Erzählt euch gegenseitig noch einmal die Geschichte.

☺ **Für ganz Schnelle**: Überlegt euch, wovon Jonas geträumt hat.

Arbeitsaufträge

1. Lest den Text gemeinsam in eurer Gruppe.
2. Klärt gemeinsam schwierige Wörter.
3. Erzählt euch gegenseitig noch einmal die Geschichte.

☺ **Für ganz Schnelle**: Überlegt euch, wovon Jonas geträumt hat.

KV 19

Philosophische Fragen zu Themen aus dem Grundschullehrplan Bayern (1. und 2. Klasse)

Deutsch

Warum sollte man höflich sein? Wie kann man Gefühle ausdrücken? Wozu brauchen wir eine Sprache? Warum muss man schreiben können? Warum haben Dinge einen Namen? Was wäre, wenn der „Tisch" „Auto" heißen würde? Warum wissen wir, was ein bestimmtes Zeichen bedeutet? Ist es ein Zufall, dass ein „S" aussieht wie eine Schlange? Wie muss ein Hund sein, um ein Hund zu sein und keine Katze? Wozu gibt es Sammelnamen?

Mathematik

Wozu braucht man Zahlen? Gibt es Zahlen wirklich? Wie viel ist unendlich? Was bedeutet das Wort „gleich"? Was ist „gleicher"?
Wie lang ist eine Minute? Ist eine Stunde immer gleich lang?

Sachunterricht

Wann ist jetzt? Wann ist nie? Bin ich immer noch so wie früher? Was ist ein Wunsch? Was ist ein Bedürfnis? Wie wichtig ist Spielen? Spielen Erwachsene auch? Warum gibt es Regeln? Sind Tiere anders als Menschen? Können Tiere denken oder sprechen? Haben Bäume Schmerzen? Warum regnet es? Versteht mich mein Haustier, wenn ich mit ihm spreche? Woher weiß ich, was mein Haustier braucht? Warum müssen Tiere sterben? Warum gibt es Geld? Könnte man ohne Wasser leben?

Religion

Wer bin ich? Was bedeutet Vertrauen? Was ist gerecht? Was brauchen Kinder? Was ist ein Gefühl? Wie schließt man Frieden? Was ist Hoffnung? Welche Ordnung hat die Welt? Was bedeutet Sterben?

Ethik

Wieso bin ich einzigartig? Was habe ich mit anderen gemeinsam? Was sind Wünsche? Wieso brauche ich eine Familie? Was ist ein Freund? Ist es immer gut, ehrlich zu sein? Ist es gerecht, wenn alle das Gleiche bekommen? Wie verändern sich Dinge und Menschen? Ist das Leben eines Vogels mehr wert oder das Leben eines Regenwurms? Wie erkenne ich Gefühle? Was ist Angst?

(entnommen aus: Praxisleitfragen Kinder philosophieren, S. 77, Akademie Kinder philosophieren im bbw e.V., Infanteriestraße 8, 80797 München, www.kinder-philosophieren.de)

1.3 Verstehend zuhören: Einen Klassenrat abhalten

Jede Klasse ist aufgrund ihrer Zusammensetzung ein sensibles soziales Gefüge. In diesem Gefüge treten immer wieder Situationen außerhalb und innerhalb des Unterrichts auf, die in einem Klassengespräch geklärt bzw. diskutiert werden müssen. Werden Konflikte nicht angesprochen, wirkt sich dies meist negativ auf den sachbezogenen Lernprozess innerhalb des Unterrichts aus. Da sich aber täglich oft mehrere Situationen ergeben, die angesprochen werden müssen, ist es für die Lehrerin oft sehr anstrengend und zeitraubend, jeden einzelnen Konflikt zu thematisieren. Eine Möglichkeit den Schülern Raum zur Diskussion und zur Klärung von Konflikten zu geben und dabei weniger Unterrichtszeit zu verbrauchen, stellt der Klassenrat dar. Er sollte einmal die Woche, wenn möglich an einem festen Tag (z. B. Freitag) und einer festen Stunde (z. B. letzte gemeinsame Unterrichtsstunde) abgehalten werden, um alle wichtigen Vorkommnisse der Woche zu besprechen. Dazu ist es wichtig, dass unter der Woche Themen, die im Klassenrat, besprochen werden sollen, im Klassenratsbriefkasten (KV 4) gesammelt werden und jeder Schüler, der zum Klassenrat etwas beitragen möchte, dies auch tun kann (KV 9–12). Kinder in der ersten Klasse können anfangs auch Bilder zu ihren Klassenratsthemen malen bzw. einzelne Wörter aufschreiben. Ist der Klassenrat als fixe Größe im Unterrichtsgeschehen verankert und als Ritual gefestigt, spart er der Lehrerin viel Unterrichtszeit, die zuvor durch nötige Konfliktgespräche verloren ging. Ein schöner Nebeneffekt des Sammelns der Themen zum Klassenrat ist, dass manche Beiträge der Schüler sich innerhalb der Schulwoche bereits von selbst geklärt haben und nur noch wirklich wichtige Ereignisse besprochen werden müssen. Der Klassenrat muss aber nicht nur der Besprechung von Konflikten dienen, sondern kann auch dazu genutzt werden, um besonders positive Situationen der Schulwoche nochmals aufzugreifen und zu verstärken. Insgesamt stärkt der Klassenrat immer das Wir-Gefühl einer Klasse. Dadurch, dass die Lehrerin Beiträge zum Klassenrat leisten kann, nimmt sie auch hier Einfluss auf das soziale Lernen in der ersten und zweiten Klasse.

Kompetenzen

- sich an Gesprächen beteiligen
- gemeinsam entwickelte Gesprächsregeln beachten
- Anliegen und Konflikte gemeinsam mit anderen diskutieren und klären

Die Intention des Klassenrates besteht darin, Kindern einen Platz innerhalb des Unterrichtes einzuräumen, um Konflikte konstruktiv auszutragen, aber auch kommunikative Kompetenzen in Anwendungssituationen zu entwickeln. Erreicht wird dies durch Kooperative Lernmethoden (Bochmann/Kirchmann 2008, S. 15), die im Klassenrat integriert sind. Dabei lernen die Schüler im Laufe der Zeit, sich an die möglichst gemeinsam entwickelten Gesprächsregeln zu halten. Unterstützt wird dies durch einen Schüler, der die Aufgabe des Regelwächters (KV 1–2) übernimmt und Verstöße gegen die Regeln vorsichtig anmahnt. Der Gesprächsleiter (KV 1–2) führt durch das Gespräch. In den ersten Wochen und Monaten wird diese Position die Lehrerin als positives Vorbild einnehmen. Mit zunehmender Erfahrung der Schüler kann dieses Amt auch von einzelnen Kindern übernommen und ausgeführt werden. Damit die Zeit im Klassenrat sinnvoll genutzt wird, sollte es auch einen Zeit-Manager (KV 1–2) geben, der die Sprechzeit und Dauer des Klassenrates „managt". (Bochmann/Kirchmann 2008, S. 162)

Am besten werden für dieses Amt Kinder ausgewählt, die sich mit der Uhr schon etwas auskennen. Dabei unterstützt werden sie durch die Lehrerin. In höheren Klassen ist es sinnvoll, für jede Klassenratssitzung ein Protokoll anzufertigen, das in der nächsten Klassenratssitzung vorgelesen wird. Die Schüler sind dann aufgefordert zu überlegen, ob die Ziele der letzten Klassenratsitzung, die durch die ganze Klasse beschlossen wurden, auch umgesetzt wurden. In der 1. Klasse kann diese Rückschau bei jeder Sitzung mündlich erfolgen, wohingegen in Klasse 2 durchaus bereits aufgeschrieben werden kann, zu welchen Ergebnissen der Klassenrat kam. Auch hier gilt, dass die Aufgabe des Protokollführers (KV 1–2) zunächst von der Lehrerin übernommen wird und dann im Laufe des Schuljahres auf die Schüler übergeht. Als kleine Hilfe dazu dient die Kopiervorlage zum Protokoll (KV 3). Ob man ein Protokoll in der 1. und 2. Klasse anfertigen möchte oder nicht, bleibt jeder Lehrerin selbst überlassen. Sollte man sich aber für das Protokollieren der Klassenratssitzungen entscheiden, macht es Sinn, die Protokolle in einem Ordner, der für alle in der Klasse frei zugänglich ist, zu sammeln. Damit sich die Rollen im Klassenrat im Laufe der Grundschulzeit festigen, ist es wichtig, regelmäßig im Anschluss an den Klassenrat über das Gelingen der Aufgabe des Regelwächters, Gesprächsleiters und Zeit-Managers zu reflektieren. Diese Reflexion kann verbal und gesteuert durch die Lehrerin ablaufen. Oder z. B. durch die 3-Finger-Einschätzung (Bochmann/Kirchmann 2008, S. 168).

Bei dieser Methode stehen drei Finger für eine sehr gute Arbeit, zwei Finger für eine positive Arbeit und ein Finger dafür, dass beim nächsten Mal etwas besser agiert werden kann. Mit dieser Methode wird jeder Schüler dazu aufgefordert, die Rollen im Klassenrat zu bewerten. Bei beiden Methoden sollte das Augenmerk hauptsächlich auf der positiven Rückmeldung, gesteuert durch die Lehrerin, liegen. Dies ist von großer Bedeutung, damit die Schüler, die die Rollen innerhalb des Klassenrates innehatten, in ihrem Selbstbewusstsein bestärkt werden und ihr Lernen positiv beeinflusst wird. Dadurch gelingt es auch, eher schüchterne Schüler zur Übernahme der Rollen im Klassenrat zu ermutigen. Weitere spezifische Rollen im Klassenrat finden sich auch auf folgender Homepage: http://www.derklassenrat.de (27.08.12).

Hinweise zum Unterricht

Vorbereitung

- fixen Zeitpunkt festlegen (durch eine Wortkarte in den Tagesplan der Klasse integrieren)
- Wortkarten für die Tafel
- Rollenschilder
- Stuhlkreis
- Klassenratsbriefkasten
- evtl. Protokoll des letzten Klassenrates

Materialien auf CD-ROM ◎

- Rollenkärtchen (KV 1/KV 2), S. 24/25
- Protokoll zum Klassenrat (KV 3), S. 41
- Bastelanleitung für einen Klassenratsbriefkasten (KV 4), S. 42
- Themenblätter für den Klassenrat (KV 9 – 12), S. 43

Ablauf

Bei der ersten Sitzung zum Klassenrat erklärt die Lehrerin kurz den Sinn der Sitzung, am besten nachdem alle Schüler im Sitzkreis sitzen. Die Rollen (KV 2) werden verteilt und die Beiträge zum Klassenrat gemeinsam mit den Kindern besprochen. Es ist immer schön, wenn das Öffnen des Klassenratsbriefkastens von einem Kind übernommen wird. Jetzt kann gemeinsam geklärt werden, welche Probleme sich bereits erledigt haben und welche unbedingt besprochen werden müssen. Zur Veranschaulichung und als Hilfe für das Protokollieren der Sitzung werden alle Punkte an der Tafel festgehalten. Anfangs kann es immer wieder passieren, dass zu viele Themen besprochen werden sollen und die dafür vorgesehene Zeit nicht ausreicht. Deshalb ist es besonders wichtig, dass den Kindern klar ist, dass eine Reihenfolge der Punkte festgelegt werden muss. Manchmal müssen dann Themen wegfallen, besser aber und schöner für die Kinder, an einem Zusatztermin besprochen werden. Einige Lehrer wählen deshalb einen Termin unter der Woche und nicht die letzte Stunde der Unterrichtswoche. Die Beiträge zum Klassenrat werden noch einmal kurz von den beteiligten Kindern den Mitschülern erklärt. Danach sind alle Schüler aufgefordert, sich zum Thema zu äußern und z. B. bei Konflikten und Streit mögliche Lösungsversuche einzubringen. Auch diese werden stichpunktartig an der Tafel fixiert. Im Anschluss daran stimmen dann die Kinder über Themen, die die Klasse als Ganzes betreffen, ab und legen fest, welche Lösungsversuche sie umsetzen wollen. Auch die Abstimmungsergebnisse können notiert werden. Je öfter über ähnliche Themen gesprochen wird, desto leichter fällt es auch sehr ruhigen Schülern sich am Klassengespräch zu beteiligen. Arbeitet man mit einem interaktiven Whiteboard, lässt sich ein Tafelbild zum Protokoll des Klassenrates erstellen und die Lehrerin kann im Anschluss alles ganz leicht ausdrucken. Bei einer normalen Tafel kann das entstandene Tafelbild auch abfotografiert werden oder es wird einfach kurz auf Papier skizziert. So können anschließend in einem Ordner die Protokolle zum Klassenrat (KV 3) gesammelt werden. Will man Schüler an das Protokollieren heranführen, eignet sich auch die dazugehörige Kopiervorlage. Ab der 2. Sitzung wird zu Beginn jedes Klassenrates das Protokoll der letzten Sitzung vorgelesen bzw. noch einmal mündlich wiederholt, welche Beschlüsse gefasst wurden. Dann wird erneut der Klassenratsbriefkasten geöffnet.

Über Lernen nachdenken
Da am Anfang jeder Klassenratsitzung über das Umsetzen der Beschlüsse der vorangegangenen Sitzung reflektiert wird, erkennen die Schüler sehr schnell, welche Maßnahmen eher umgesetzt werden können und welche weniger gut funktionieren. Die Rolleninhaber leiten während der Klassenratssitzung das Gespräch, managen die Zeit und achten auf die Einhaltung der Regeln. Im Anschluss an die Sitzung wird gemeinsam, angeleitet durch die Lehrerin, überlegt, was Gesprächsleiter, Regelwächter und Zeit-Manager gut gemacht haben. Hat eine Rolle sehr schlecht geklappt, sollte man mit Kritik sehr sensibel umgehen. Manchmal hilft es, die Kinder in einem Vieraugengespräch zu fragen, woran es lag, ob die Rolle zu schwer war, oder man greift schon während der Sitzung leicht steuernd ein. Hat man weniger Zeit zur Reflexion, kann auch die 3-Finger-Einschätzung (vgl. S. 38) angewandt werden.

Mögliche Anschlussaufgaben
Durch den Klassenrat sind einige Rollen wie Gesprächsleiter, Regelwächter und Zeit-Manager gut eingeführt und können auch in anderen Unterrichtssituationen zum Einsatz kommen. Dies gilt ebenso für die 3-Finger-Einschätzung.

Der Klassenrat eignet sich nicht nur zum Aufgreifen von Anliegen unterschiedlicher Art (KV 9–10, 12) oder zur Klärung sozialer Konflikte oder kritischer Situationen (KV 11), sondern auch um Ausflüge, Projekte, Feste und vieles mehr zu planen.

KV 3

Protokoll zum Klassenrat am: ______________________

So viele sind anwesend: ____________ abwesend: ____________

Protokollschreiber: ______________________

Zeitmanager: ______________________

Regelwächter: ______________________

Gesprächsleiter: ______________________

Themen im Klassenrat

1. ______________________
2. ______________________
3. ______________________

Beschlüsse des Klassenrats:

____

Unterschrift

KV 4

Bastelanleitung für einen Klassenratsbriefkasten

Material:
- Schuhkarton
- Geschenkpapier
- Kleber
- Geschenkband
- Teppichmesser

Anleitung:
Zu Beginn wird der Deckel mit Klebefilm oder mithilfe eines beliebigen Klebers an der unteren Hälfte des Schuhkartons befestigt. Danach wird der gesamte Schuhkarton mit einem schönen Geschenkpapier beklebt. Auf der Vorderseite wird anschließend mit einem Teppichmesser ein zwei bis drei Zentimeter hoher und mindestens 10 cm langer Schlitz in der oberen Hälfte des Schuhkartons ausgeschnitten. Hier können die Beiträge eingeworfen werden. Damit die Beiträge zum Klassenrat auch wieder aus dem Karton entnommen werden können, wird auf der Rückseite des Schuhkartons ein Viereck von 10 cm × 10 cm aufgezeichnet und mithilfe des Teppichmessers an drei Seiten aufgeschnitten. Die vierte Seite wird umgeklappt. Damit der Karton wieder verschlossen werden kann, werden zwei ca. 15 cm lange Geschenkbänder sich gegenüberliegend am Karton befestigt.

Vorderseite:

Rückseite:

Wer etwas weniger Bastelaufwand betreiben möchte, kann den Schuhkarton einfach nur farbig gestalten und in den Deckel einen Schlitz hineinschneiden. Das Öffnen und Schließen des Klassenratsbriefkastens funktioniert dann ganz einfach, indem man den Deckel abnimmt und wieder aufsteckt.

KV 9

Name: ______________________ Datum: ______________

Thema für unsere nächste Klassenratssitzung

Darüber habe ich mich besonders gefreut:

1. 4 Über Lernen sprechen: Reflexion gehört zum Unterricht

Das Sprechen über das Lernen kommt besonders in der Gruppenevaluation im Unterricht zum Tragen. So gewährleistet die kontinuierliche Reflexion der kooperativen und kommunikativen Lernprozesse einen „andauernden Optimierungsprozess. In den Blick der Schüler geraten sowohl inhaltliche und methodische als auch kommunikative und die Kooperation betreffende Aspekte ihrer Arbeit." (Bochmann/Kirchmann, 2008, S. 13)

Bei der Reflexion des Gelernten geht es nicht nur um die Verbesserung der Gruppenzusammenarbeit, sondern auch um die individuellen Lernfortschritte des einzelnen Schülers und die Stärkung des Selbstwertgefühls. Wobei die Dinge, die während des Lernens besonders gut geklappt haben, gegenüber den Dingen, die noch zu verbessern sind, im Vordergrund stehen sollten. (s. a. Bochmann/Kirchmann 2008, S. 13) Die Steuerung der Reflexion im Klassengespräch liegt in der Hand der Lehrerin. Wird dennoch durch Mitschüler leichte Kritik geübt, dient dies ausschließlich dazu, den Einzelnen in seinem eigenen Lernprozess voranzubringen.

Kompetenzen
- zu anderen sprechen
- verstehend zuhören
- gemeinsam entwickelte Gesprächsregeln beachten
- über das Lernen sprechen
- funktionsangemessen sprechen
- Sprechbeiträge situationsangemessen planen

Es gibt zahlreiche Methoden und Hilfen für die Reflexion der Gruppenarbeit. Im Folgenden werden einige vorgestellt, die innerhalb einer Gruppe zum Einsatz kommen können. Außerdem finden sich Methoden zur Reflexion für das Klassengespräch.

Hinweis zum Unterricht: Methoden in der Gruppe

Materialien auf CD-ROM ◎
- Reflexionsmuffins: So schmeckt es allen! (KV 20), S. 46
- Reflexionsblume: Eine Blume für die Gruppe (KV 21), S. 47
- Reflexionssonne (KV 22)

Die Schüler treffen sich zur Reflexion noch einmal mit den Gruppenmitgliedern der Unterrichtseinheit, um die Ergebnisse ihrer Arbeit zu evaluieren. Beide Kopiervorlagen dienen dazu, den Evaluationsprozess anzuleiten:

- So schmeckt es allen!
- Eine Blume für die Gruppe

Hinweise zum Unterricht: Methoden für das Klassengespräch

Um Gruppenprozesse im Klassengespräch zu beurteilen, eignet sich immer die Drei-Finger-Methode (S. 38). Hier bestimmt die Lehrerin die Beurteilungskriterien. Die Reflexionssonne (KV 22) kann am Ende einer Unterrichtseinheit eingesetzt werden. Alle Schüler sitzen gemeinsam mit der Lehrerin im Gesprächskreis. Die Satzstreifen werden strahlenförmig um das Gesicht der Sonne gelegt. Die Kinder platzieren einen Glasstein auf den Sonnenstrahlen und beenden den angefangenen Satz. Damit die Schüler leichter in die Reflexion einsteigen können, beginnt die Lehrerin. Eine Steuerung – Wohin soll die Reflexion führen? – ist dadurch ebenfalls gut möglich. Selbstverständlich können die Sätze ausgetauscht und auf die eigene Klasse abgestimmt werden.

KV 20

So schmeckt es allen!

Überlegt gemeinsam, welche Muffins ihr ausmalen könnt. Gibt es Muffins, die ihr nicht oder nur zum Teil ausmalen könnt? Warum ist das so?

KV 21

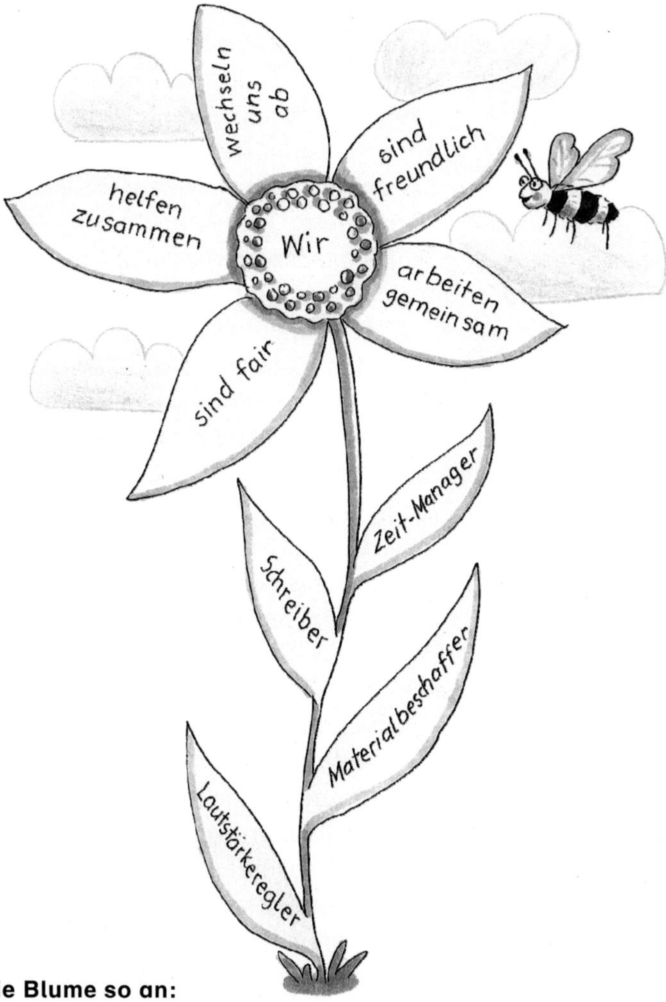

Malt die Blume so an:

Malt ganz an, was gut geklappt hat.

Malt halb an, was noch besser werden kann.

Malt nicht an, was viel besser werden muss.

2 Schriftspracherwerb

Schulanfänger kommen mit unterschiedlichen Lernvoraussetzungen in die Grundschule. Während einzelne Schüler bereits lesen können, fehlt es anderen an grundlegenden Voraussetzungen für den Schriftspracherwerb, weil sie aus verschiedensten Gründen in der Vorschulzeit kaum mit Schrift oder der deutschen Sprache in Berührung gekommen sind. Deshalb ist es unerlässlich, zu Schulbeginn die Lernvoraussetzungen der Schüler genau abzuklären, um anschließend ausgewählte und differenzierte Förderangebote bereitstellen zu können, die einen erfolgreichen Schriftspracherwerb ermöglichen.

Als Bedingung hierfür wird zum einen das Symbolverständnis der Schüler vorausgesetzt, d. h. die Einsicht, dass Buchstaben als willkürlich festgelegte Zeichen unserer Sprache vereinbart wurden. Zum anderen ist die phonologische Bewusstheit Grundlage für einen gesicherten Schriftspracherwerb. Dazu gehört im weiteren Sinne das Sprechen und Zerlegen von Reimen und Silben, im engeren Sinne das Erfassen der Sprache in ihrer Lautstruktur. Darüber hinaus muss die Verbindung von Lauten und Buchstaben gesichert sein. Dazu leisten multisensorische Übungen ihren Beitrag. Die Schüler haben vor Schuleintritt das Sprechen und Hören gelernt. Nun erkennen sie eine neue Funktion der Sprache. Durch den Schriftspracherwerb rückt der kommunikative Aspekt in den Vordergrund. Kinder durchlaufen mehrere Stufen in ihrer schriftsprachlichen Entwicklung. Nach dem „Als-ob"-Vorlesen und -Kritzeln orientieren sich die Schüler an Zeichen und Buchstaben. Naive Schreibungen und z. B. das Wiedererkennen und „Erlesen" von Firmenemblemen treten hinzu. In der lautorientierten oder alphabetischen bzw. phonetischen Stufe erkennen Kinder die Buchstaben-Laut-Zuordnung. Sie lesen synthetisierend, schreiben wie sie hören (oft skeletthaft und nur dominante Laute, z. B. RKTE statt Rakete), allmählich hören sie Wörter vollständig auf Laute ab. Am Ende der ersten Klasse wird diese Stufe als Standard erwartet. Nur vereinzelt können Schüler zu diesem Zeitpunkt schon morphematische oder orthographische Regelhaftigkeiten erkennen und anwenden, z. B. Endungen auf -el/-en/-er. Erst danach werden in der höchsten Stufe Teilprozesse automatisiert, d. h. Worte auf einen Blick erlesen, im inneren Lexikon abgespeichert und auswendig verschriftet. Zur Erstdiagnose und zur ständigen Überwachung des Leistungsstandes bieten sich KV 24 und KV 25 an (vgl. Richter/Brügelmann, 1998).

Materialien auf CD-ROM ◎

- Lernstandsermittlung am Schulanfang (KV 24), S. 49/50
- Beobachtungsbogen zur Leseentwicklung (KV 25), S. 51

KV 24

Lernstandsermittlung am Schulanfang

	sicher	mit Hilfe	in Ansätzen	nicht
1. Artikulation (r-, s-Laut): „Sprich das Wort nach“:				
Bleistiftspitzer				
Hausschlüssel				
Rasenmäher				
Riesenrad				
Fußball spielen				
Schulsachen				
Handtasche				
2. Silben **Silbenklatschen: „Wie oft klatscht du bei?“**				
Schule				
Stift				
Schildkröte				
Taschenmesser				
Schlüssel				
Silben vorsprechen: „Wie heißt das Wort, wenn ich sage“:				
Ta-fel				
Kro-ko-dil				
Mar-me-la-de				
3. Unterscheiden ähnlich klingender Laute (Minimalpaare): **„Ich sage dir zwei Namen, du zeigst mir das Bild.“ (Bildkarten)**				
Kopf – Topf				
Maus – Haus				
Nase – Hase				
4. Buchstabenkenntnis (Das Kind schreibt alle bekannten Buchstaben auf.) **Anzahl:**				
Vorzeigen eines Plakates mit allen Buchstaben. „Welche kennst du noch?“ Benannte Buchstaben:				
„Welche Wörter kannst du schreiben?“ Wörter/Art der Verschriftung:				
Buchstabendiktat Diktat bekannter Buchstaben				
5. Robotersprache „Sprich in Silben – wie ein Roboter!“				
Banane				
Federball				
Lokomotive				
Pinsel				
Briefmarke				
Autobahn				

KV 24

	sicher	mit Hilfe	in Ansätzen	nicht
Kaputter Roboter: (Lehrer spricht gedehnt vor) „Wie heißt das Wort richtig?“				
Wooool-keee (→ Wolke)				
Haaand (Hand)				
Kliiiingeeel (Klingel)				
Wooohnziimmmer (Wohnzimmer)				
Maarmeelaaadee (Marmelade)				
Laut vorsprechen, Kind nennt das Wort				
E-s-e-l				
M-au-s				
K-i-n-o				
A-m-p-e-l				
M-u-t				
6. Anfangslaut weglassen: „Wenn ich bei Regal das R weglasse, heißt es ... (egal)“				
(T)-asche				
(R)-ast				
(k)-alt				
(B)-ohne				
(M)-aus				
7. Anlaut weglassen: „Mit welchem Laut beginnt das Wort? (Was hörst du am Anfang?)“				
Schule				
Fenster				
Roller				
Igel				
Auto				
8. „Welches Wort steht auf welcher Karte?“ Wortkarten zeigen, Wörter vorlesen – Schüler entscheidet, wo welches Wort steht				
Kopfkissen – Bett				
Fingernagel – Hand				
Haustür – Haus				
Hose – Hosentasche				
Regenwurm – Kuh				
9. Wörter nach Diktat verschriften Neun-Wörter-Diktat (vgl. Richter, S. 1998)				
Kanu Verschriftung:				
Saum				
Rosine				
Schimmel				
Leiter				
Wand				
billig				
Lokomotive				
Strumpf				

KV 25

Beobachtungsbogen zur Leseentwicklung

Das Kind kann	sicher	mit Hilfe	In Ansätzen	nicht
Laut-Ebene				
Wörter in Silben sprechen				
Anlaute in Wörtern analysieren				
Inlaute in Wörtern analysieren				
Auslaute in Wörtern analysieren				
Einfache Wörter lautieren				
Reime zu vorgegebenen Wörtern finden				
Buchstaben-Ebene				
Groß- und Kleinbuchstaben zuordnen				
Gleiche Buchstaben in verschiedenen Schriftarten einander zuordnen				
Die häufigsten Buchstaben unterscheiden und benennen (AEIOU, RNSTLBDMP)				
Seltenere Buchstaben benennen (x, qu, c, z,...)				
Buchstaben- und Lautwert unterscheiden (sch, st, ei, ...)				
Blitzlesen (Buchstaben bei schneller Darbietung erkennen)				
Wortbaustein- und Silben-Ebene				
Mehrgliedrige Schriftzeichen lautieren (z.B. sch, ch, ei)				
Mehrgliedrige Schriftzeichen und häufige Silben auf einen Blick erkennen (ber, an, ein, ...)				
Wörter in Silben zerlegen und in Silben erlesen				
Wortbausteine (Morpheme) erkennen (z.B. auf-bau-en)				
Mehrsilbige Wörter erlesen				
Wort-Ebene				
Bekannte Wörter erlesen				
Häufige und bekannte Wörter auf einen Blick erlesen (Blitzlesen)				
Unbekanntere Wörter mit vielen Vokalen erlesen				
Unbekanntere Wörter mit Konsonantenhäufung erlesen				
Fehlende Buchstaben antizipieren (Toch_er)				
Fantasiewörter lautgetreu erlesen (Lidokrok)				
Wörter zu Bildern zuordnen				
Satz-Ebene				
Bekannte Wörter in einem Satz erlesen				
Unpassende Wörter in einem Satz erkennen („faules Ei“)				
Passende Wörter in einen Lückensatz einfügen				
Zerschnittene Sätze wieder zu einem Satz ordnen				
Text-Ebene				
Einfache Fragen zu einem still erlesenen Text beantworten (Stufe 1)				
Zu Textaussagen Beziehungen zueinander herstellen (Stufe 2/3)				
Aus einem Text Schlussfolgerungen ziehen (Stufe 4)				
Einen Text sprachgestaltend vortragen				

Der Beobachtungsbogen sollte mehrfach im Schuljahr eingesetzt werden, um Fortschritte bei den Schülern festzustellen.

2.1 Phonologische Bewusstheit schulen: Lesen und Schreiben – (k)eine Zauberei

Als Voraussetzung für einen erfolgreichen Schriftspracherwerb sind einige Kompetenzen zu nennen, die in den Bildungsstandards zwar nicht explizit aufgeführt, aber dennoch für das weiterführende Lesen und Schreiben von besonderer Bedeutung sind.

Kompetenzen

- phonologische Bewusstheit im weiteren Sinne: genaues Zu- und Hinhören und Sprechen in Reimen und Silben
- phonologische Bewusstheit im engeren Sinne: Wörter auf Laute abhören und lautgetreu verschriften
- phonologische Regelhaftigkeiten der Sprache erkennen

Hinweise zum Unterricht

Da die im Folgenden aufgeführten Beispiele zur Schulung der phonetischen Bewusstheit nicht in einer einzelnen Stunde abgehandelt werden, sondern gängiges Unterrichtsprinzip in den ersten Schulwochen und -monaten sein sollten, werden hier Möglichkeiten, die sich immer wieder in den Unterrichtsalltag einbauen lassen, vorgestellt.

Vorbereitung

- leere Filmdöschen mit kleinen Gegenständen, z. B. Steine, Sand, Murmeln
- Sammlung an Reimen, Versen und Zungenbrechern
- Bildkarten zu verschiedenen Gegenständen
- einen Satz Spielkarten
- Band mit mindestens 10 aufgefädelten Holzperlen
- Kärtchen mit Blitzlesewörtern
- Holzwürfel mit einer Kantenlänge ca. 4 cm
- ein breites Gummiband

Materialien auf CD-ROM

- Reimpaare (KV 26), S. 59
- Silbenspiel (KV 27), S. 60 (Auszug)
- Kopiervorlage – Welches Wort ist länger? (KV 28), S. 61
- Stöpselkarten – Wo hörst du ...? (KV 29), S. 62 (Auszug)
- Klammerkarte – Wo hörst du ...? (KV 30), S. 63

- Kopiervorlage – Lautkette (KV 31), S. 64
- Lesefächer (KV 32), S. 65
- Lese-Schreib-Würfel (KV 33), S. 66 (Auszug)
- Selbstreflexionsbogen (KV 34), S. 67

Ablauf

Die verschiedenen Übungen werden in die Rahmengeschichte des kleinen Zauberers „Quintus Quax" eingebaut. Dieser experimentiert für sein Leben gerne und hat es schon geschafft, einen tollen Zaubertrank zu mixen. Aber er weiß nicht, wie er sein Rezept aufschreiben kann. Außerdem hat Quintus im Zauberlabor seines Vaters ein geheimes Zauberbuch entdeckt, das er unheimlich gerne lesen würde, wenn er nur könnte. Seine Tante Gundela gibt ihm den Tipp, das Lesen und Schreiben zu lernen. Der kleine Zauberer beginnt sofort mit den ersten Übungen.

Schulung des Hin- und Zuhörens

Dazu zählen zunächst einfache Höraufgaben. In einer Geschichte kommt z. B. öfter das Wort „Buch" vor. Immer wenn die Schüler das Wort hören, klatschen sie zweimal in die Hände (oder machen andere Geräusche/Bewegungen).

Als Nächstes bekommt Quintus eine Lauschaufgabe. Die Schüler sollen dabei helfen, sie zu lösen. Die Kinder erhalten dazu Plastikdöschen mit verschiedenen Gegenständen. Immer in zwei Dosen sind die gleichen Gegenstände, z. B. kleine Steine, Murmeln, Büroklammern, Erbsen usw. Nach dem Memory-Prinzip müssen nun die zusammengehörigen Dosen gefunden werden. Weitere Übungen zum „Geräusche raten" schließen sich an. Hierzu gibt es vielfältige CD's und Aufnahmen, in denen Alltagsgeräusche vertont sind. Die Kinder müssen diese benennen.

Im Anschluss lernen die Kinder mit Quintus die ersten Zaubersprüche. Der kleine Zauberer weiß, dass sich Zaubersprüche immer reimen müssen. Daher werden Reime gemeinsam gesprochen und selbst erfunden.

„Hokus pokus fidibus, ich wünsche mir 'nen Schokokuss!"

Dies können anfangs auch nur einfache Reimwörter sein. Bildkarten helfen hier zur Veranschaulichung: Aus Hand wird Wand, Hund – Mund, Zwerg – Berg usw. So wird zugleich die Sensibilisierung auf Minimalpaare geübt.

Später kommt das Ergänzen eines Reimanfangs hinzu:

- Ene mene Krötenblut, ich wünsche mir nen' Zauber ________.
- Ene mene Mutter, auf's Brot wünsche ich mir ganz viel ________.

Auch Abzählverse, Zungenbrecher und andere Kinderreime sollten immer wieder im Unterricht eingebracht und gesprochen werden:

„Zweiundzwanzig zappelige Zauberer zappeln
in zehn zentnerschweren Zelten."

Die erwähnten Bildkarten können auch für Spiele nach dem Memory-Prinzip in Partnerarbeit eingesetzt werden. Zur Paarfindung erhalten die Kinder je ein Bild, das sich mit einer andern Bildkarte reimt (KV 26). Sobald sich die Kinder gefunden haben, sprechen sie ihre Reimwörter zur Kontrolle vor. Sie erhalten dann ein Spiel mit allen Reimwörtern der KV 26, das sie gemeinsam spielen. Die Wörter werden dabei laut vorgesprochen.

Wird ein neuer Buchstabe eingeführt, so ist es sinnvoll, diesen z.B. in Verbindung mit einem kleinen Gedicht oder einer Geschichte zu präsentieren, da er so besser im Gedächtnis verankert wird.

Beispiel zur Einführung A:

„Der Affe Ali rast im Affenzahn, gleich achtmal mit der Achterbahn.
Aber Anton der alte Ameisenbär, jagt mit Karacho hinterher."

Wird ein neuer Buchstabe erarbeitet, bietet sich zur Lautdifferenzierung auch das Spiel „Es fliegt, es fliegt" an. Der Lehrer nennt verschiedene Begriffe, bei denen z.B. das „M" im An-, In- oder Auslaut zu hören ist. Zunächst sollte sich das Spiel auf den Anlaut beschränken, später kann es auf In- und Auslaute ausgeweitet werden. Immer wenn die Schüler ein M hören, heben sie die Arme, ist kein M zu hören, stehen sie still. Wer einen Fehler macht, scheidet aus. Als Lehrer sollte man sich im Vorfeld eine Liste mit möglichen M-Wörtern zurechtlegen (Mund, Maus, Mantel, Hammer, Lampe, Lamm, Baum, ...). Achtung bei Wörtern mit Auslautverhärtung (z.B. Laub, Zwerg)! Diese Wörter sollten bei Lauterkennungsspielen im Auslaut ausgenommen werden, da sich Lautwert und Schriftbild unterscheiden.

Um die Kinder zu aktivieren, kann man das Spiel „Telefonieren" einführen. Weil Quintus nicht so viele Wörter mit M kennt, muss er jemanden anrufen. Er ruft also bei einem anderen Kind an (z.B. durch Anlegen des Federmäppchens ans Ohr oder mit altem Telefon) und fragt: „Simon, kennst du ein Wort mit M?" Simon: „Ja, Mund hat ein M am Anfang" usw. Weiß ein Kind kein passendes Wort, wird weitertelefoniert.

Wurde ein neuer Buchstabe eingeführt, so zieht er auch mit einem Lied in Quintus' Zauberhaus ein: „Das ist unser Zauberhaus, ei, wer schaut zum Fenster raus: A in groß, a in klein, das wird doch wohl nicht alles sein." (auf die Melodie von: Wer will fleißige Handwerker sehn).

Als Stundenabschluss macht der Lehrer den Einschlafzauber. Er nennt viele M-Wörter, sobald eines auftaucht, das kein M enthält, schlafen die kleinen Zauberer auf der Bank ein.

Arbeit mit Silben

Um die phonologische Bewusstheit noch weiter zu trainieren, ist es notwendig, immer wieder Aufgaben zum Umgang mit Silben zu stellen. Dazu bieten sich Kinderreime oder auch Zaubersprüche an, welche von den Kindern ergänzt werden sollen.

- Ene mene Saft, ich wünsche mir jetzt ________ (Kraft).
- Ene mene Maus, ich zaubere mir ein ________ (Haus).
- Ene mene Not, ich wünsche mir ein ________ (Brot).
- Ene mene Mutter und drauf noch ganz viel ________ (Butter).
- Ene mene Mund, ich zaubere dazu nen Knochen für den ________ (Hund).

Darüber hinaus bietet es sich an, Wörter immer wieder in Silben zu sprechen und zu klatschen. Zauberer Quintus mixt nun schon fleißig Zaubertränke. Dazu muss er alle Zutaten immer besonders deutlich sprechen und sie Schritt für Schritt (Silbe für Silbe) zufügen. Damit die Zutat im Zaubertrank richtig wirkt, muss auch der passende Begleiter zum Wort richtig dazu gesprochen werden. Die Schüler denken sich eine Zutat aus, die in den Trank kommen soll, z. B. eine Kröte, ein Spinnenbein usw. Dann stehen die Kinder im Raum und lassen die Arme bis zum Boden hängen. Der Begleiter zum Wort wird aus dem Zaubermantel geschüttelt (Arme nach unten schütteln): *deeeeer*, dann wird die Anzahl der Silben nach vorheriger Vereinbarung geklatscht, gehüpft, gestampft, geschnipst. Bei Frosch nur einmal, bei Spin-nen-bein dreimal. Durch dieses Spiel werden zum einen die Wortbegleiter trainiert zum anderen werden die Silben genau erfasst und darüber hinaus der Bewegungsdrang der Schüler (z. B. beim Silbenhüpfen) gestillt.

Für das nächste Spiel zur Paarfindung müssen sich die Kinder nach dem Alphabet geordnet (Vorname entscheidet), nach dem Geburtsmonat oder einem anderen beliebigen Ordnungskriterium (Kleidung, Haarlänge, ...) aufstellen. Nach dem Line-up bilden immer zwei Schüler, die nebeneinander stehen, ein Paar. Dieses Paar einhält einen Satz mit Spielkarten (z. B. Skatkarten). Auf deren Rückseiten werden in Silben zerschnittene Wörter (KV 27) aufgeklebt. Die Silben müssen wieder zu Wörtern zusammengefügt werden (Memory-Prinzip). Als Kontrolle dient das Spielkartenmotiv (z. B. Herz Bube). Im Anschluss an das Legen der Wörter werden sie verschriftet. Zuerst in Silben, dann als ganzes Wort.

Zauberer Quintus muss nun möglichst lange Zauberwörter erfinden. Er überlegt, welches Wort wohl länger ist. Auf dem Arbeitsblatt (KV 28) müssen die

Schüler mit Silbenbooten eintragen, wie viele Silben das Wort hat. Sie erkennen so, dass nicht der größere Gegenstand automatisch das längere Wort ist.

In Kleingruppen kann das Spiel „Ich zaubere was, was du nicht kennst.“ gespielt werden, das dem Prinzip des Spiels „Ich sehe was, was du nicht siehst.“ folgt. Ein Schüler überlegt sich ein Wort und stellt z. B. die Frage: *„Ich zaubere was, was du nicht kennst und das ist braun und hat eine Silbe.“* (Stuhl). Wer es errät, stellt das nächste Zauberrätsel.

Wörter auf Laute abhören und lautgetreu verschriften

Voraussetzung für den Schriftspracherwerb ist die genaue Lautwahrnehmung und -differenzierung. Daher sind vielfältige Übungen notwendig, um gerade ähnlich klingende Laute (m/n, b/p, k/g) genau zu unterscheiden. Mit der Kaugummi-Sprache werden die Laute einzeln hörbar und gedehnt – wie bei einem Kaugummi – gesprochen. Als Hilfe bietet sich hier das Gummiband-Lesen an. Auf einem dicken, elastischen Gummiband werden die einzelnen Buchstaben eines Wortes als Buchstabenkarte mit einem Tacker befestigt. Wenn das Wort nun gelesen werden soll, wird der Gummi so gedehnt, dass jeder Buchstabe einzeln steht. Buchstabe für Buchstabe wird lautiert. Im Anschluss wird der Gummi locker gelassen und das Wort als Ganzes gesprochen. Bitte unbedingt mit den Kindern vorher besprechen, dass das Gummiband nicht zu stark gedehnt werden darf und festgehalten werden muss.

Auch mit Minimalpaaren kann an dieser Stelle mithilfe von Klappkarten gearbeitet werden. Nur ein Buchstabe wird umgeklappt und das Wort verändert seine Bedeutung (Beispiel: H-ose, R-ose).

Mithilfe der für jeden Laut veränderbaren KV 29 und KV 30 können die Kinder selbstständig oder in Partnerarbeit bestimmen, wo sie einen bestimmten Laut hören (An-, In-, Endlaut). Sie klammern an die entsprechende Stelle bzw. die passende Farbe zum Bild. Zur Kontrolle wird die Karte umgedreht und kontrolliert. Ist auf der Rückseite auch das Schriftbild zum Wort abgedruckt, können stärkere Schüler sogar versuchen, das Wort zu verschriften.

Im Klassenverband arbeiten die Schüler zur genauen Lautwahrnehmung mit der Zauberperlenkette. Sie besteht aus mindestens 10 Holzperlen (gut aus Autositzauflagen aus Holz zu basteln), die auf einem Schuhband aufgefädelt sind. Jedes Kind benötigt seine eigene Kette. Nun wird ein Wort vorgegeben, z. B. Arm. Die Schüler schieben die Anzahl der Laute, die sie hören, in diesem Fall drei Perlen. Bei Schal wären es ebenfalls nur 3: Sch – a – l (sch = 3 Buchstaben, aber 1 Laut). Kindern, die diese Besonderheit schon kennen, kann man den Unterschied erklären. Man hört nur Laute nicht Buchstaben, manche Laute werden oft mit mehreren Buchstaben aufgeschrieben.

Zusätzlich können solche Wörter mit KV 31 geübt werden. Es sollten hier zunächst Wörter ohne Konsonantenhäufung (Tomate, Rakete), später auch mit

Konsonantenhäufung (Pflanze, Stift) geübt werden. Für jeden Laut wird eine Perle ausgemalt.

Mit dem Lesefächer (KV 32) können Wörter aufgebaut, gelesen und verschriftet werden. Dazu wird der Streifen mit dem Bild und dem Anfangsbuchstaben des Wortes, dann die restlichen Buchstaben des Wortes durcheinander mit einer Musterbeutelklammer verbunden. Die Schüler müssen die Buchstaben ordnen und das Wort erlesen.

Der Leseschreibwürfel (KV 33) bietet die Möglichkeit in Partnerarbeit Wörter zu lesen und zu schreiben. Ein Kind würfelt. Fällt der Würfel auf ein Bild, so muss dieses Wort lautgetreu verschriftet werden. Die Kontrolle erfolgt durch den Partner mit der auf dem Tisch liegenden Seite des Würfels (= verschriftetes Wort). Fällt der Würfel auf ein Wort, muss dieses erlesen werden (Kontrolle: Die auf dem Tisch liegende Seite zeigt das Bild zum Wort).

Arbeit mit Wortbausteinen und Silben

Nach einiger Zeit des Übens und mit dem Fortschreiten des Schriftspracherwerbs erkennen Kinder bestimmte Regelhaftigkeiten der Sprache, z. B. Wortendungen auf -el/-en/-er (Pinsel, Gabel/malen, schwimmen/Vater, Mutter). Sobald Kinder diese Regelhaftigkeiten erkannt haben, verschriften sie nicht mehr wie anfangs „Vata" bzw. „Pinsl" lautgetreu. Wichtig ist daher, diese Einsicht anzubahnen und durch gezieltes Üben an der Silbe zu festigen. Die Einsicht, dass man z. B. Pinsel oder Gabel mit -el schreibt, ergibt sich, wenn man erklärt, dass in jedem Silbenboot ein Vokal sitzen muss: P**i**n-s**e**l, G**a**-b**e**l.

In dieser Stufe des Schriftspracherwerbs bietet es sich an, immer wieder Blitzleseübungen mit den häufigsten Wörtern und wichtigsten Silben zu machen. Auf einer kleinen Karte steht z. B. das Ganzwort „wir" oder häufige Silben (ge, zer, be, auf, ...). Die Karte wird nur ganz kurz gezeigt, die Schüler müssen das Wort erlesen. Wettbewerbscharakter gewinnt dieses Spiel, wenn sich die Klasse in zwei Gruppen aufteilt und immer zwei Kinder gegeneinander im Blitzlesen antreten.

Über Lernen nachdenken

Nach einiger Zeit wird den Schülern der Reflexionsbogen (KV 34) ausgeteilt. Die Schüler versuchen nun selbst einzuschätzen, was sie bereits gut können und woran sie noch weiter arbeiten müssen.

Mögliche Anschlussaufgaben

Zu allen dargestellten Übungsformen gibt es vielfältige weitere Übungen zur Sicherung. Dazu gehört z. B. die Segmentierung von Wörtern in Silben. Die Schüler erhalten einen Wortstreifen. Diesen müssen sie so falten, dass Silben entstehen.

Buchstabengruppen sollen beim Lesen von Zungenbrechern erfasst werden, z. B. St: „**St**ürmische **St**iere **st**ehen **st**rampelnd im **St**all.“ Das St wird markiert. In einem Text mit Sch-Wörtern sollen die Schüler alle Sch finden.

Bei Zungenbrechern lassen sich auch gut Konsonantenhäufungen erfassen und erlesen: „Es klapperte die Klapperschlange, bis ihre Klappern schlapper klangen.“ Solche Zungenbrecher kann man auch von den Kindern selbst erfinden lassen.

Bei längeren Wörtern sollen die Schüler die Wortzusammensetzung erkennen und farbig markieren, z. B. Haus-tür-schlüssel, Blumen-strauß usw. So wird das Lesen erleichtert. In diesem Zusammenhang sind sämtliche Übungen zur Blickspannenerweiterung zu nennen, z. B. Lesepyramiden oder Lesetreppen.

KV 26

Reimpaare finden

KV 27

Spielkarten für ein Silbenspiel

Am-	pel	Lam-	pe
Pal-	me	On-	kel
Pa-	pa	Ma-	ma
Ses-	sel	Son-	ne
Wol-	le	Sa-	lat

KV 28

Name: ______________________________ Datum: ______________

Trage die Silbenboote ein

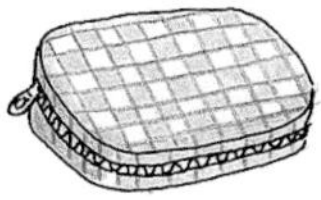

KV 29

Wo hörst du / G g / ?

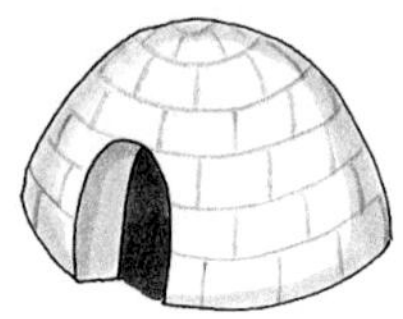
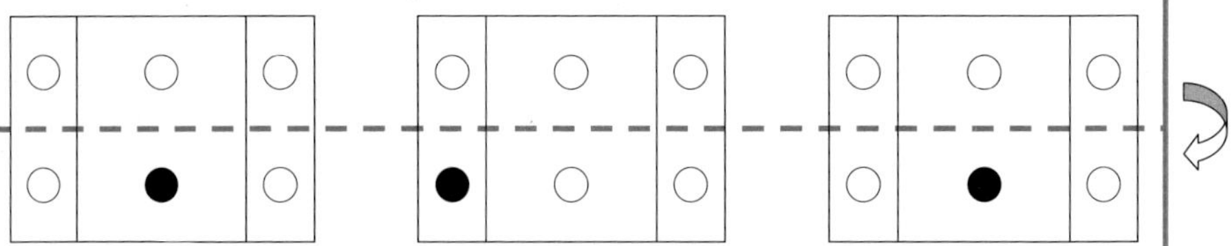

Wo hörst du / G g / ?

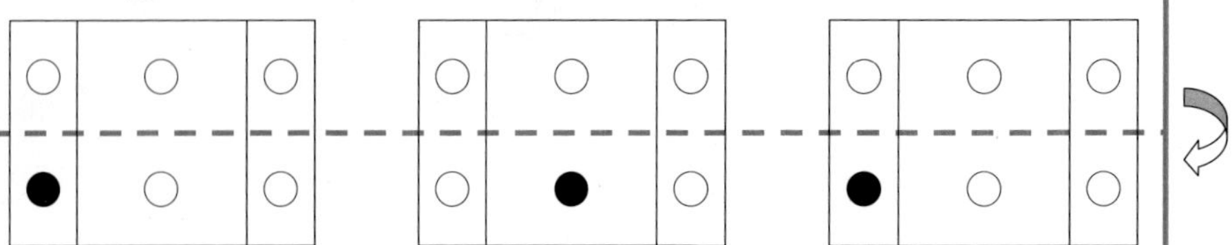

KV 30

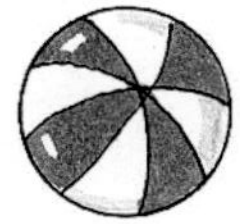

Bb

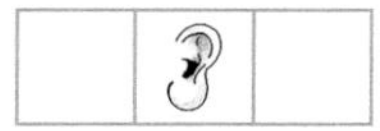

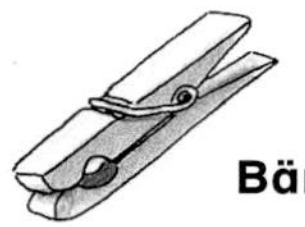 Bär

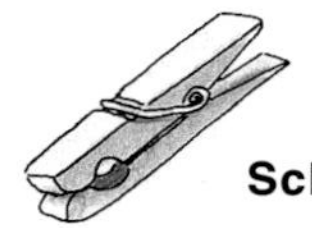 Schraube

 Gabel

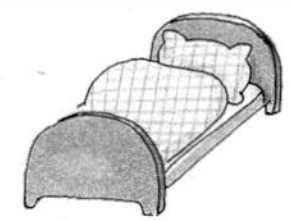

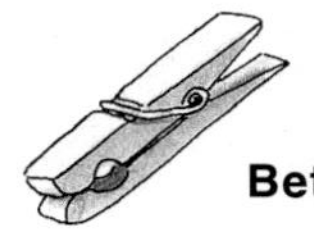 Bett

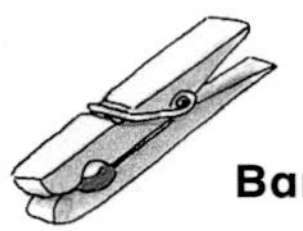 Banane

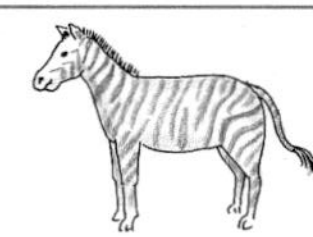

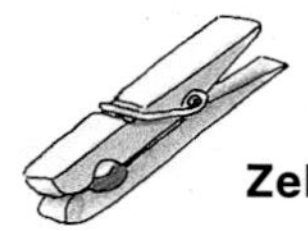 Zebra

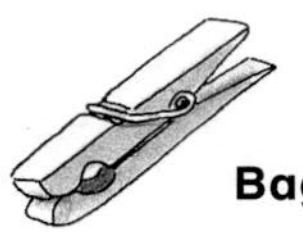 Bagger

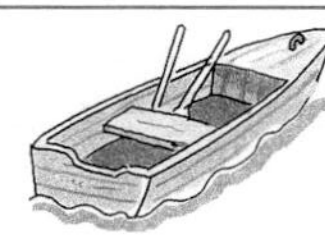

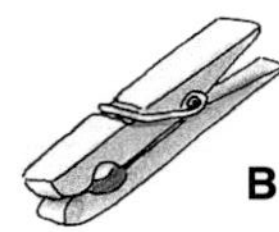 Boot

KV 31

Name: ______________________ Datum: ______________

Hörschule

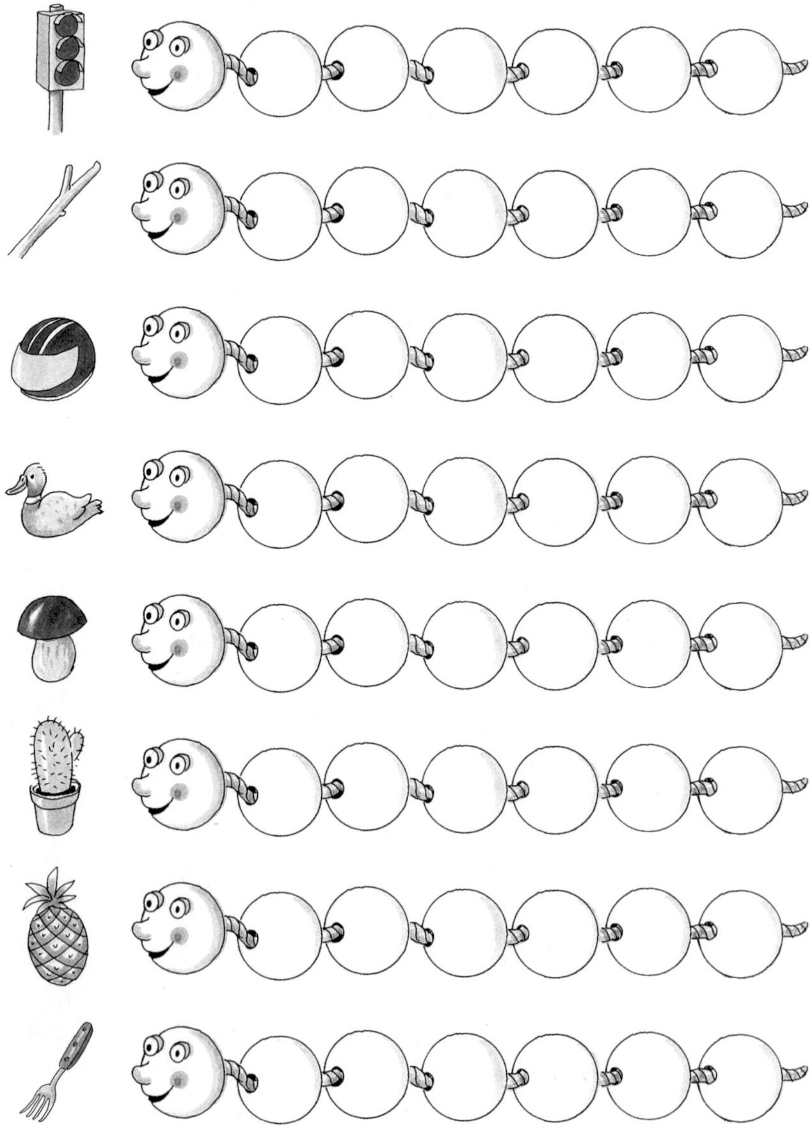

KV 32

Lesefächer

● 

G

a

b

e

l

● 

G

a

n

s

● 

G

ei

g

e

KV 33

Vorlage für einen Lese-Schreibwürfel

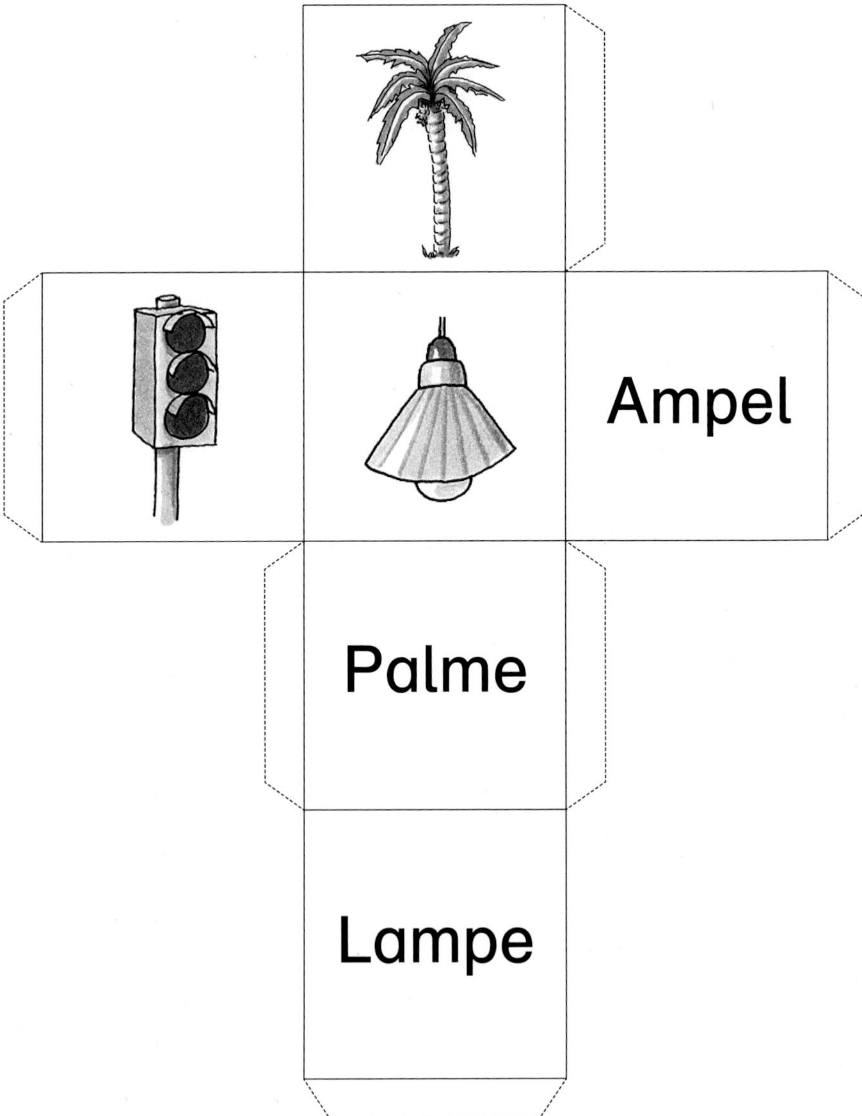

KV 34

Name: ______________________ Datum: ____________

Das kann ich schon!

1. Male aus, welche Buchstaben du sicher kennst.

A B C D E F G H I J K L M

N O P Q R S T U V W X Y Z

2. Welche Wörter kannst du schon lesen? Male das Bild zum Wort.

Tomate		Lampe	
Leiter		Wand	

3. Welche Wörter kannst du schon schreiben? Schreibe auf und male aus.

______________ ______________ ______________

4. Diese Wörter kann ich auch schon schreiben.

2.2 Phonem-Graphem-Differenzierung: Buchstaben-Portfolio

Neben den vorgestellten Übungen ist es wichtig, die erlernten Buchstaben zu festigen und die Laut-Buchstaben-Zuordnung zu sichern. Hierzu wird bei der im Folgenden dargestellten Aufgabe ein Portfolio erstellt. Innerhalb der Portfolioarbeit gibt es Wahl- und Pflichtaufgaben. Um die Buchstaben- und Lautunterscheidung zu festigen, müssen die Schüler mindestens die Pflichtaufgaben durchlaufen. Das Arbeitsportfolio liefert der Lehrerin eine gute Einschätzungsmöglichkeit über die Leistungsfähigkeit und Arbeitsweise der Schüler. Stellt man innerhalb der Arbeitsphasen bei den Schülern besondere Schwierigkeiten fest, z. B. bei der akustischen Lautdifferenzierung, so sollten sich immer individuell weitere Übungen anschließen, die den Ausbau der entsprechenden Kompetenz weiter unterstützen.

Kompetenzen
- Buchstabenkenntnis: Die Schüler müssen die Buchstaben lautierend benennen und verschriften können.
- Synthesefähigkeit: Die Schüler müssen Laute miteinander zu Silben und Wörtern verschmelzen können.
- Assoziationsfähigkeit: Die Schüler müssen verfremdete Wortklänge mit bekannten Begriffen in Verbindung bringen können.
- Analysefähigkeit: Die Schüler müssen Gehörtes in Laute und Buchstaben zergliedern können.
- Begriffsverständnis: Für ein sicheres Verschriften und Erlesen von Wörtern und Sätzen muss die Wortbedeutung klar sein. Hier gilt es, besonders auf Kinder mit Deutsch als Zweitsprache ein Augenmerk zu legen.
- Artikulationsfähigkeit: Schwierigkeiten oder Störungen bei der Artikulation bestimmter Laute müssen logopädisch behandelt werden.

Hinweise zum Unterricht

Vorbereitung
- Stationenkärtchen für die Arbeitsaufträge am Portfolio (für mehrmalige Verwendung laminieren)
- dünner A4-Ordner mit einer Registratur A–Z
- Für die Stationen: Dominokärtchen (laminieren), Knetmasse und Knetunterlage, Zeitungen und Zeitschriften, Bild- und Wortkarten (laminieren), Wachs-

malkreiden, Wortstreifen, Korb mit kleinen Alltagsgegenständen, Vorlage Lesedrache (laminieren) (KV 38), Korkplatten und Pinnadeln, Lesewürfel, Fühlbuchstaben aus Sandpapier, Lesefächer (laminieren), Stempel

Materialien auf CD-ROM ◎

- Stationenplan (KV 35), S. 73 (Auszug)
- Stationenkärtchen für Buchstabenportfolio (KV 36), S. 74 (Auszug)
- Aufgabenkärtchen (KV 37), S. 75
- Lesedrache (KV 38), S. 76
- Fehlerbuchstaben (KV 39), S. 77
- Selbstreflexionsbogen mit Lehrereinschätzung (KV 40), S. 78
- Domino (KV 41), S. 79
- Deckblatt Buchstabenportfolio (KV 42), S. 80

Ablauf

Zunächst wird den Schülern das Vorhaben erklärt. Im Laufe der kommenden Wochen und Monate werden Schritt für Schritt neue Buchstaben erlernt. Diese sollen an verschiedenen Stationen eingeübt werden. Alle Aufgaben, die die Schüler hierzu bearbeiten, werden in einem Buchstabenbuch gesammelt. Die Lehrerin stellt an dieser Stelle das Deckblatt des Buchstabenportfolios vor (KV 42). Hierzu kann entweder die Kopiervorlage verwendet werden oder das Deckblatt wird von den Schülern individuell gestaltet. Innerhalb der Portfolioarbeit gibt es Wahl- und Pflichtstationen, welche die Lehrerin selbst festlegen kann. Es ist ratsam, dass immer mindestens je eine Station zur optischen, akustischen und sensomotorischen/schreibmotorischen Übung enthalten ist.

Um die Kinder anfangs nicht zu überfordern, werden zunächst die wichtigsten Pflichtstationen vorgestellt. Nach und nach kommen bei jedem neuen Buchstaben weitere Stationen hinzu. Weist man für die neuen Stationen immer zwei Kinder als Experten ein, so sind diese Ansprechpartner für die Klasse, falls im späteren Verlauf Fragen auftauchen. Diese Experten für die jeweiligen Stationen können auf einem Plakat im Klassenzimmer bekannt gemacht werden.

Neben der Einführung in die wichtigsten Stationen muss auch die Arbeitsweise und die Art der Ablage besprochen werden. Hierzu wird die Registratur erklärt. Die Schüler suchen z. B. einen bereits bekannten Buchstaben und schlagen die Seite in der Registratur auf. Hinter das Blatt mit dem Buchstaben kommen alle bearbeiteten Arbeitsblätter zu diesem Buchstaben. Weitere Übungen, z. B. den Anfangsbuchstaben des eigenen Vornamens finden, schließen sich an. Beschäftigt sich ein Kind nun beispielsweise mit dem Buchstaben B, so heftet es alle bearbeiteten Arbeitsblätter und Arbeitsergebnisse unter diesem Buchstaben ab.

Der Stationenplan (KV 35) hilft den Kindern zu sehen, welche Stationen bereits bearbeitet wurden und welche noch fehlen. Nach jeder bearbeiteten Station dürfen die Schüler das Symbol ausmalen und die Station abhaken. So haben sowohl die Lehrerin als auch die Schüler einen Überblick über den jeweiligen Arbeitsstand.

Erklärung der Stationen (KV 36) im Einzelnen:

1 Lauschangriff: Diese Station dient der akustischen Lautdifferenzierung. Die Schüler sprechen sich die Wörter zu den abgedruckten Bildern (KV 37) halblaut und deutlich vor und kreuzen an, ob sie den zu bearbeitenden Laut am Anfang des Wortes, in der Mitte oder am Ende hören.

2 Druckerei: In der Druckerei suchen sich die Schüler zunächst den ausgewählten Buchstaben (optische Differenzierung). Nun stempeln sie diesen mehrmals auf das Blatt. Leistungsstärkere Schüler schaffen es bereits, kleine Wörter mit dem Buchstaben lautgetreu zu stempeln. Verfügt man über zwei verschiedene Stempelfarben, so kann der Auftrag gegeben werden, den neuen Buchstaben in einer anderen Farbe zu stempeln.

3 Buchstabenbäckerei: Mithilfe der Knetmasse kneten die Schüler den neuen Buchstaben auf einer Unterlage in groß und klein. Diese Aufgabe unterstützt die haptische Erfassung des Buchstaben.

4 Schnipp-Schnapp: Diese Station unterstützt die optische Wahrnehmung und schult die Einsicht, dass die Buchstabenqualität erhalten bleibt, auch wenn sich die Schrifttype ändert. Aus Zeitungen und Zeitschriften schneiden die Kinder den neuen Buchstaben aus und kleben ihn auf. Auch kleine Wörter können ausgeschnitten werden.

5 Schriftsteller: In einer kleinen Schachtel liegen verschiedene Bildkarten. Die abgebildeten Wörter enthalten den zu erlernenden Buchstaben. Die Schüler versuchen das Wort lautgetreu aufzuschreiben. Zur Selbstkontrolle findet sich das Wort auf der Rückseite der Bildkarte. Die Übung schult die schreibmotorische Erfassung mehrerer Buchstaben.

6 Buchstabendetektiv: Die Schüler erhalten die veränderbare KV 37. Wörter, in denen der neue Buchstabe enthalten ist, sind als Umrisse vorgegeben. Die Schüler spüren als Detektive den Buchstaben im Wort auf und spuren nur diesen nach. Zusätzlich sollen nach Möglichkeit die Wörter erlesen werden.

7 Sonntagsschrift: Als schreibmotorische Übung bietet sich diese Station an. Man verwendet entweder KV 37 (veränderbar, je nach Buchstabe) oder nutzt die Anweisung wie auf der Stationenkarte beschrieben. „Sonntagsschrift“ bedeutet, dass die Schüler besonders sauber und schön schreiben sollen.

8 Lesedrache: Der Lesedrache (KV 38) spuckt aus seinem Maul immer neue Wörter aus, die erlesen werden sollen. Dazu werden Wortstreifen (siehe Vorlage) von hinten in den zusammengeklebten Drachen eingeschoben. In Pfeilrichtung wird das Wort Buchstabe für Buchstabe herausgezogen und lautierend gelesen. Diese Aufgabe eignet sich auch gut als Partnerübung. Zur Selbstkontrolle kann auf der Rückseite des Lesestreifens das Bild zum Wort aufgemalt werden.

9 Fühlbuchstaben: Diese Übung schult die Sensomotorik. Mit verbundenen Augen versuchen die Schüler den neuen Buchstaben aus etwa 5–6 vorgegebenen Buchstaben, die am besten ähnlich aussehen, zu erfühlen. Ein Partner kontrolliert.

10 Prickelbuchstaben: Die Schüler legen für diese Übung ein A4 Papier auf eine Korkplatte (oder Styropor). Nun werden mithilfe einer Pinnnadel kleine Löcher gestanzt. Diese ergeben den neuen Buchstaben.

11 Vorsicht, Fehler: Die Schüler erhalten die veränderbare KV 39. Sie sollen als schreibmotorische Übung alle Buchstaben nachspuren, die als „neu“ eingeübt werden sollen (z. B. T/t). Allerdings haben sich falsche Buchstaben, die ähnlich aussehen, mit eingeschlichen. Diese dürfen nicht nachgespurt werden.

Lehrkräfte, die nicht mit einer Fibel arbeiten, sondern stattdessen offen, in jahrgangsgemischten Klassen oder nach der Methode „Lesen durch Schreiben“ (Reichen 2001) arbeiten, können diese Portfolioarbeit genauso durchführen. Wichtig ist, dass das benötigte Material vorbereitet und geordnet vorliegt und die Schüler wissen, wo sie welches Material auffinden können. Ablagefächer und Regale, die mit dem entsprechenden Buchstaben und Stationensymbolen gekennzeichnet sind, helfen hier sicher bei der Orientierung.

Über Lernen nachdenken

Nach jedem Tag, an dem am Portfolio gearbeitet wurde, bietet sich die 3-Finger-Einschätzung zur Selbstreflexion an. Die Schüler zeigen mit der Anzahl der Finger, wie sie ihre Arbeit einschätzen. Mögliche Reflexionspunkte könnten sein:

- Heute habe ich viel geschafft.
- Ich habe mir Mühe gegeben.
- Ich habe anderen geholfen.
- Ich bin mit meinem Ergebnis zufrieden usw.

Nach Abschluss des Portfolios kann der Reflexionsbogen (KV 40) zur Selbstreflexion und zur Lehrereinschätzung eingesetzt werden. Da die Kinder zu diesem Zeitpunkt schon alle Buchstaben kennen und fähig sein sollten Laute zusammenzulesen, kann der Bogen sicher relativ selbstständig ausgefüllt werden. Im Anschluss an die Lehrerbewertung sollte ein Gespräch mit dem Schüler über die evtl. identische oder unterschiedliche Einschätzung erfolgen.

Mögliche Anschlussaufgaben
Weitere Stationenaufgaben (KV 36), insbesondere für stärkere Schüler, bieten sich an:

12 Was liegt im Korb: In einem Körbchen liegen verschiedene Gegenstände, die den neuen Buchstaben im Wort enthalten (z. B. bei A: Affe, Banane, Ball, ...). Es bietet sich an, langfristig eine Sammlung an Setzkasten- und Legofiguren anzulegen, die hier eingesetzt werden kann. Außerdem finden sich im Korb Wortkärtchen. Die Schüler müssen nun Gegenstand und Wortkarte zusammenlegen und anschließend das Bild zum Gegenstand malen bzw. das Wort verschriften.

13 Lesefächer: Stärkere Schüler können mithilfe des Lesefächers (KV 32) einzelne Wörter, in denen der Buchstabe enthalten ist, erlesen und anschließend verschriften.

14 Lesewürfel: Diese Aufgabe schult ebenso die Kompetenz des lautgetreuen Verschriftens bzw. des Erlesens von Wörtern. Mit der veränderbaren KV 33 können verschiedene Wörter erlesen und verschriftet werden.

15 Domino: Die Vorlage KV 41 kann beliebig verändert werden. Die Schüler müssen Wörter mit dem neuen Buchstaben erlesen und das passende Bild zuordnen. Falls gewünscht, sollen die Wörter auch aufgeschrieben werden.

Name: ______________________________ Datum: _____________

Stationenplan (1)

Male das Symbol aus, wenn du die Station erledigt hast und hake ab.

	Male aus! 	Hake ab! ✔
1. Lauschangriff		
2. Druckerei		
3. Buchstabenbäckerei		
4. Schnipp-Schnapp		
5. Schriftsteller		
6. Buchstabendetektiv		
7. Sonntagsschrift		

KV 36

1 Lauschangriff

Wo hörst du den Laut?

Am Anfang, in der Mitte oder am Ende? Kreuze an.

M o n d

2 Druckerei

Stemple ein schönes Blatt mit dem neuen Buchstaben.

Kannst du auch schon ganze Wörter mit dem Buchstaben stempeln?

KV 37

Wo hörst du T, t? Kreuze an.

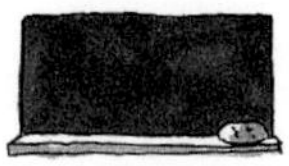				
○ ○ ○	○ ○ ○	○ ○ ○	○ ○ ○	○ ○ ○

Spure alle T und t nach.

Tapete Timo Tomate Ute

Montag Tiger Trommel mit

Torte Mantel Bart Matte

Setze fort.

T

t

TtTt

tTtT

KV 38

Lesedrache

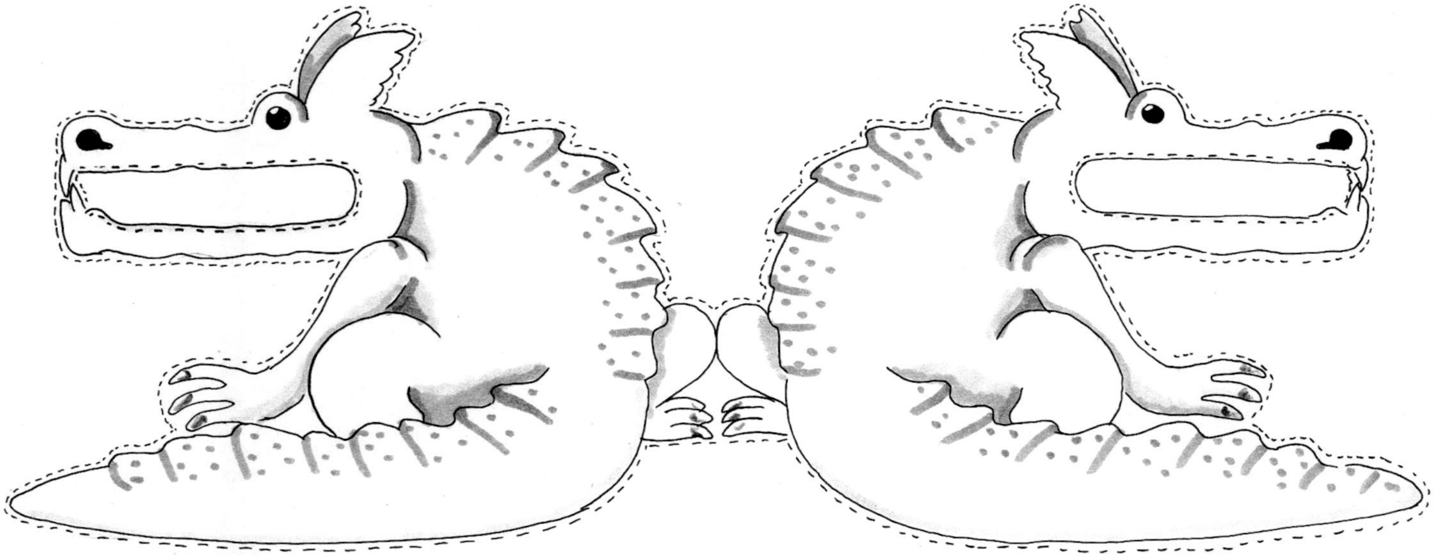

Vorlage Lesestreifen: ⟵ T o m a t e

KV 39

Fehlerbuchstaben

Spure alle T, t nach.

T T T I T T T T T T L T T T I

t l t t t t t t t t I t t t t t t t t t t t

T t F t T t **T t** T t T t T

t T t T t T t T l T t

T T T I T T T T T T T T T F T t

t t t t t l t t t t t t t t t l t t t t t t t

✂ -

Fehlerbuchstaben

Spure alle T, t nach.

T T T I T T T T T T L T T T I

t l t t t t t t t t I t t t t t t t t t t t

T t F t T t **T t** T t T t T

t T t T t T t T l T t

T T T I T T T T T T T T T F T t

t t t t t l t t t t t t t t t l t t t t t t t

KV 40

Name: ______________________ Datum: ____________

Ich denke über meine Arbeit nach!

	☺	😐	☹	Das denkt meine Lehrerin:
So hat mir die Arbeit am Buchstabenbuch gefallen:				
So bin ich mit dem Ergebnis zufrieden:				
Ich habe alle Blätter abgeheftet.				
Ich habe nach Buchstaben geordnet.				
Ich habe jede Station beendet, bevor ich eine neue angefangen habe.				
Ich habe mich angestrengt.				
Ich habe sauber gearbeitet.				
Diese Stationen haben mir am meisten Spaß gemacht: Nr. ______________________				
Am besten ist mir dieser Buchstabe gelungen:				
Das ist mir leicht gefallen. Male oder schreibe:				
Das ist mir schwer gefallen. Male oder schreibe:				

KV 41

Wort – Bild Domino

START		Opa	
Ampel		Papa	
Lampe		Maus	
Palme		Mama	
Omi		Papagei	
Lupe		Elefant	

KV 42

Mein Buchstabenbuch

1. Klasse

Schuljahr:

____

Mein Name:

____

3 Schreiben

3.1 Richtig schreiben: Rechtschreibwichtige Wörter

Ziel der in den Bildungsstandards ausgewiesenen Kompetenzen ist es, die Schüler auf dem Weg zum „sicheren Rechtschreiber" zu begleiten. Dabei sollen rechtschreibwichtige Wörter normgerecht verschriftet werden. Welche dies sind, wird nicht genauer erläutert. Mit Sicherheit aber darf man die 100 häufigsten Wörter der deutschen Sprache (KV 44) hier hinzuzählen. Wie aber entwickelt sich nun das „Rechtschreiben können" bei Kindern? Nach May (2000) werden verschiedene Stufen durchlaufen, vom Rechtschreibneuling bis hin zum Experten. Anhand von bestimmten Strategien versucht der Rechtschreiblerner sein Können zu verbessern. Die erste Strategie, die Schreibanfänger benutzen, ist demnach die **logographemische Stufe:** „Merke dir die Form und Anordnung der Zeichen." Der Schüler speichert Wortteile oder Wörter als festes Muster ab und schreibt diese nahezu auswendig auf, so wie er sie sich eingeprägt hat. Hier muss es nicht unbedingt einen Lautbezug geben. Nur die Form und die Anordnung der Zeichen (Buchstaben) ist entscheidend für die Verschriftung. Auch geübte Rechtschreiber wenden diese Strategie noch an, z. B. bei häufigen Wörtern.

Die zweite Stufe ist die **alphabetische Strategie:** „Achte auf die Aussprache und schreibe für jeden Laut einen Buchstaben." Hier kommt der Lautbezug der Schrift ins Spiel. Wörter werden durch die Konstruktion markanter Einzellaute bis hin zur lautgetreuen Schreibweise verschriftet. Bei Schreibanfängern finden sich hier auch oft noch Skelettschreibungen.

Mithilfe der **orthographischen Strategie:** „Merke dir die von der Lautung abweichende Schreibweise oder nutze eine dir bekannte Regel für die Schreibung." entdecken die Schüler Rechtschreibmuster und erkennen Merk- und Regelelemente in der Schreibweise, z. B. v/aa/... bzw. doppelte Mitlaute.

Für den Einsatz der **morphematischen Strategie:** „Gliedere die Wörter in ihre Bausteine, suche nach verwandten Wortstämmen und leite die Schreibung von diesen ab." ist bereits Wissen über Sprachstrukturen erforderlich. Ebenso müssen die Schüler bereits eine Einsicht in die Wortbildung erlangt haben und einige Wortmorpheme (z. B. Vorsilben, Stammmorpheme) sollten bekannt sein, aus denen Wörter zusammengesetzt werden.

In der letzten Stufe, der **wortübergreifenden Strategie:** „Leite die Schreibung unter Einbeziehung des Satzes bzw. Textes ab, um Groß- und Zusammenschreibung, Kommasetzung, wörtliche Rede und andere satzabhängige Regelungen zu bestimmen." werden letztlich Sätze und Texte verschriftet und beispielsweise Groß- und Kleinschreibung beachtet.

Von einem Erstklässler ist am Ende des Schuljahres als Anhaltspunkt zu erwarten, dass er sich in der alphabetischen Stufe, also im lautgetreuen Verschriften befindet. Ab der 2. Klasse können dann bereits erste orthographische Strategien aufgegriffen und geübt werden. Beim silbischen Analysieren von Wörtern kann aber bereits in der ersten Klasse die Einsicht gewonnen werden, dass in jeder Silbe ein Vokal enthalten sein muss.

Ein Rechtschreibunterricht, der Schüler individuell fördert, muss sich aus mehreren Elementen zusammensetzen: der Arbeit an individuellen Fehlerschwerpunkten, z. B. mit der nachfolgend vorgestellten Lerntheke, der Einführung und Erarbeitung neuer Rechtschreibfälle und -strategien, der Übung von Arbeitstechniken (z. B. Abschreiben, Nachschlagen) und dem freien Schreiben eigener Texte und deren rechtschriftlicher Überarbeitung. (Pronold-Günthner 2011)

Kompetenzen
- geübte, rechtschreibwichtige Wörter normgerecht schreiben
- Rechtschreibstrategien verwenden: Mitsprechen, Ableiten, Einprägen

Hinweise zum Unterricht

Vorbereitung
- Diagnosebogen ausfüllen
- Vorbereiten (kopieren und laminieren) der Stationen der Lerntheke (KV 46) sowie der Spielvorlage „Schlossgespenster“

Materialien auf CD-ROM
- Die 100 häufigsten Wörter (KV 44), S. 86
- Stationenübersichtsblatt Lerntheke (KV 45), S. 87
- Stationenkarten Lerntheke (KV 46), S. 88 (Auszug)
- Spiel „Schlossgespenster“ (KV 47), S. 89 (Auszug)
- Selbstreflexionsbogen (KV 48), S. 90

Ablauf

Um Schüler individuell und kompetenzorientiert fördern zu können und Übungsschwerpunkte festzulegen, ist zunächst immer eine genaue Diagnose des Lernstandes erforderlich. Mithilfe von Diagnosebögen (vgl. auch May 2000) wird überprüft, welche Strategien das Kind bereits anwenden kann und wo mögliche Fehlerschwerpunkte liegen. Die Analyse sollte zu Beginn eines Schuljahres durchgeführt und in regelmäßigen Abständen wiederholt werden, um die Entwicklungsfortschritte festzustellen. Die Analyse kann entweder anhand eines vorgefertigten Diktattextes (z. B. mit dem Wortschatz der 1. Klasse oder mit häufigen Wörtern, KV 44) erfolgen oder aber mithilfe von individuellen Schülertexten (z. B. wenn ein Ferienerlebnis aufgeschrieben wird). Die Fehler, die der Schüler dabei macht, werden von der Lehrerin entsprechend der Strategie notiert. So sind schnell Fehlerschwerpunkte ersichtlich. Je nachdem, wo diese liegen, können nun individuelle Übungsschwerpunkte festgelegt werden. Bei selbst geschriebenen Texten kann sofort mit den Fehlerwörtern gearbeitet werden. Den Schülern kann die Übungsnotwendigkeit folgendermaßen erklärt werden: *„Fehlerwörter brauchen besondere Beachtung. Du musst dich um sie kümmern, d. h. sie oft üben."*

Wird ein Übungswortschatz, z. B. in Form von Lernwörtern der Woche angeboten, so kann dies abwechselnd strategieorientiert (z. B. Wörter mit Doppelkonsonant), zum anderen thematisch orientiert (z. B. Lernwörter „Kleidung") oder aber idealerweise nach individuellen Fehlerschwerpunkten erfolgen. Geht man von einem gemeinsamen Übungswortschatz für die Klasse aus, so werden die Lernwörter zunächst genau „unter die Lupe" genommen. Damit sich Fehler seltener einschleichen, erfolgt als erster Unterrichtsschritt eine genaue Betrachtung. Dabei werden schwierige Stellen im Wort analysiert und markiert. Wenn die Kinder bereits eine Strategie zum Verschriften des Wortes kennen, wird diese benannt. Unabhängig davon, mit welchem Wortmaterial man nun arbeitet, können die Stationenkarten (KV 46) zur Übung der entsprechenden Strategie angeboten werden. Kopiert man die Stationen auf verschiedenfarbiges Papier, so ist für die Schüler auch schnell ersichtlich, bei welchen Übungen welche Strategie trainiert wird (z. B. rot = alphabetische Strategie). Eine Übersicht, welche Stationen sich für welche Strategieübung eignen, findet sich auf KV 45. Mithilfe der Stationenkarten können bei Bedarf sogar individuelle Übungspläne für einzelne Schüler entwickelt werden (siehe Beispiel).

Wochenplan von ____________________ vom ________ bis ________

Deutsch **Rechtschreiben:** Übe deine Fehlerwörter mit diesen Karten:

rot: AB, ABC

grün: WA, NW

gelb: ST, WB

Lesen: ...

Beispiel für einen individuellen Übungsplan

Logographemische Strategie:
Mithilfe der Geheimschrift (oder auch Umrissschrift) erfassen die Schüler die Wortgestalt besser. Den gleichen Zweck erfüllen z. B. auch Wortkarten mit den Wörtern, die die Schüler nach dem ABC ordnen sollen. Auch hier wird die Wortgestalt als Ganzes erfasst. Auch das Suchen bestimmter Wörter in einem Text schult das schnelle und sichere Erfassen der Wortgestalt und ihre Einprägung ins innere Lexikon.

Alphabetische Strategie:
Die Übungen: Wörter aufbauen, Wie klingt der Selbstlaut, Nach dem ABC ordnen, Spiel „Schlossgespenster" (KV 47) (Spielanleitung siehe Stationenkarte, KV 46), Partnerdiktat, Silben würfeln, Silbensalat und nach der Länge ordnen unterstützen die Fähigkeit, Wörter genau abzuhören und den Lautbezug der Schrift herzustellen. Als weitere Übung könnte hier das Suchen von Reimwörtern angeboten werden.

Orthographische Strategie:
Die Übungen: Wortarten unterscheiden, Regel finden, Namenwörter bilden und Mehrzahl bilden unterstützen die Fähigkeit, Regelhaftigkeiten und Rechtschreibmuster zu erkennen.

Morphematische Strategie:
Die Aufgaben: Silben trennen, Wortverwandtschaften und Wörterbuch unterstützen die Schüler in der Einsicht über Wortbildungen und Wortzusammensetzungen.

Wortübergreifende Strategie:
Indem die Schüler Lernwörterrätsel erstellen, Geschichten mit den Wörtern erfinden oder eigene Sätze mit dem Wort bilden, üben sie das Wort im Gesamtzusammenhang eines Satzes oder Textes. Diese Aufgaben sind für die Bearbeitung durch besonders fortgeschrittene Rechtschreiber gedacht.

Über Lernen nachdenken
Mithilfe des Selbstreflexionsbogens (KV 48) schätzen sich die Schüler nach einiger Zeit selbst ein. Zusätzlich kann nach jeder Phase, in der an der Lerntheke gearbeitet wurde, mithilfe der Drei-Finger-Einschätzung abgefragt werden, wie sich die Schüler bei der Arbeit gefühlt haben, wie die Zusammenarbeit geklappt hat oder wie sie mit ihrer Arbeit zufrieden sind.

Mögliche Anschlussaufgaben
Um insbesondere die 100 häufigsten Wörter zu üben, bietet es sich an, täglich ein 10-Minuten-Training mit diesen Wörtern durchzuführen. In der Vorviertelstunde vor Unterrichtsbeginn oder zu Beginn der Deutschstunde werden einige der Wörter – ähnlich wie in Mathematik beim Kopfrechentraining – diktiert. So prägen sich diese häufigen Wörter sicher im inneren Lexikon ein und können bei regelmäßiger Übung auswendig und automatisiert aufgeschrieben werden.

Ähnlich könnte man mit den Lernwörtern verfahren. Zum „Frühstücksdiktat" am Morgen werden 10 Lernwörter diktiert und aufgeschrieben. Die Kontrolle erfolgt dann über einen Partner.

KV 44

Die hundert häufigsten Wörter

der	die	und
in	den	von
zu	das	mit
sich	des	auf
für	ist	im
dem	nicht	ein
die	eine	als
auch	es	an
werden	aus	er
hat	dass	sie
nach	wird	bei
einer	der	um
am	sind	noch
wie	einem	über
einen	das	so
sie	zum	war
haben	nur	oder
aber	vor	zur
bis	mehr	durch
man	sein	wurde
sei	in	Prozent
hatte	kann	gegen
vom	können	schon
wenn	habe	seine
Mark	ihre	dann
unter	wir	soll
ich	eines	es
Jahr	zwei	Jahren
diese	dieser	wieder
keine	Uhr	seiner
worden	und	will
zwischen	im	immer
Millionen	ein	was
sagte		

Quelle: Uni Leipzig (Stand vom 08.01.2001)

KV 45

Übersichtsblatt Stationen

Name der Station	Abkürzung	Stufe	Sozialform
Wörter aufbauen	**AB**	alphabetisch	EA
Wie ist der Selbstlaut?	**SL**	alphabetisch	EA
Geheimschrift	**GS**	logographemisch	EA/PA
Nach dem ABC ordnen	**ABC**	alphabetisch	EA
Dosendiktat	**DO**	alphabetisch	EA/PA
Wortarten unterscheiden	**WA**	orthographisch	EA
Regel finden	**RF**	orthographisch	EA
Silben trennen	**ST**	morphematisch	EA
Namenwörter bilden	**NB**	orthographisch	EA
Schlossgespenster	**SCH**	alphabetisch	PA/GA
Partner-Diktat	**PD**	alphabetisch	PA
Lernwörterrätsel	**LR**	wortübergreifend	EA/PA
Wäscheleine	**WL**	wortübergreifend	EA
Wortverwandtschaften	**WV**	morphematisch	EA
Regenbogenwörter	**RB**	logographemisch	EA
Sätze bilden	**SB**	wortübergreifend	EA
Silben würfeln	**SW**	alphabetisch	EA
Silbensalat	**SI**	alphabetisch	EA
Wörterbuch	**WB**	morphematisch	EA
Länge ordnen	**LO**	alphabetisch	EA
Mehrzahl bilden	**MZ**	orthografisch	EA

KV 46

Wörter aufbauen

AB

Wähle dir zehn Lernwörter aus und baue sie in deinem Heft nach Lauten auf.

Beispiel: l, le, les, lese, lesen

Wie ist der Selbstlaut?

SL

Untersuche die Selbstlaute genau:

Sprich das Wort deutlich.

Höre genau und schreibe das Wort fehlerfrei auf.

Markiere einen **kurzen Selbstlaut** so: ●

Markiere einen **langen Selbstlaut** so: ▬

KV 47

Schlossgespenster

KV 48

Name: ____________________ Datum: ____________

Das kann ich schon!

1. Ich kann die neuen Lernwörter sicher schreiben.

☐ sehr sicher ☐ mittel ☐ noch unsicher

2. Wenn ich ein Wort schreiben soll,

☐ kann ich es immer sofort auswendig.
☐ kann ich es manchmal auswendig.
☐ bin ich mir noch unsicher, wie man es schreibt.

3. Wenn ich mir unsicher bin,

☐ überlege ich mir, ob ich eine Regel kenne.
☐ schlage ich im Wörterbuch nach.
☐ frage ich jemanden.

4. Ich kann kurze und lange Laute unterscheiden, z. B. Schal / Tasse.

☐ immer
☐ meistens
☐ selten

5. Diese Regeln kenne ich schon:

☐ Biene schreibt man mit ie, weil ______________________________

____

☐ Bei Hund höre ich am Ende t, aber ich schreibe d, weil ______________

____

☐ Teller schreibe ich mit ll, weil ______________________________

____

6. Wörter und Sätze richtig zu schreiben fällt mir:

☐ leicht ☐ mittel ☐ schwer

3.2 Richtig schreiben: Über Fehlersensibilität verfügen – So stand es in der Zeitung

In der nachfolgend beschriebenen Unterrichtseinheit sollen die Schüler daran herangeführt werden, Fehler in Texten zu entdecken und zu verbessern. So werden sie schrittweise angeleitet, auch in eigenen Texten Fehler zu finden. Anhand von gedruckten Fehlern können die Kinder überprüfen, inwieweit bestimmte Wörter bereits in den Sichtwortschatz des inneren Lexikons eingegangen sind bzw. ihr Strategiewissen testen. Selbst geübte Rechtschreiber schreiben sich oft ein Wort auf, wenn sie sich bei der Schreibweise unsicher sind. So versuchen sie festzustellen, welche Schreibweise korrekt ist. Beim Lesen der Fehlerwörter „stolpert" das Kind gelegentlich auch über eine Schreibweise. An dieser Stelle muss das Kind lernen, wie es mit dieser Unsicherheit umgehen kann.

Kompetenzen
- über Fehlersensibilität und Rechtschreibgespür verfügen
- Arbeitstechniken nutzen: Texte auf orthographische Richtigkeit überprüfen und korrigieren
- Zeichensetzung beachten: Punkt

Hinweise zum Unterricht

Vorbereitung
- Vergrößern der Fehlertexte von A4 auf A3
- Aufstellen von 6 Tischen im Kreis, auf denen die Fehlertexte präsentiert werden
- Stifte in verschiedenen Farben für die Gruppen

Materialien auf CD-ROM
- Abschreibplan (KV 43), S. 94
- Tricks zum Fehlerfinden (KV 49), S. 95
- Korrekturzeichen zur Fehlerverbesserung (KV 50), S. 96
- Fehlertexte (KV 51), S. 97 (Auszug)

Ablauf
Im Vorfeld der dargestellten Unterrichtseinheit sollte man mit den Kindern besprechen, wie man eigene Rechtschreibfehler finden kann. Dazu wird Detektiv Spürnase (KV 49) vorgestellt. Die Schüler aktivieren ihr Vorwissen über das Tätigkeitsfeld eines Detektivs und welche Aufgaben er hat. Detektiv Spürnase hat

den Auftrag alle Rechtschreibfehler aufzuspüren und zu verbessern. Da er ein besonders tüchtiger und guter Detektiv ist, findet er alle Fehler. Die Lehrerin erklärt den Schülern, dass sie selbst nun auch zu guten Fehlerdetektiven ausgebildet werden, sodass sie mit ausreichend Übung hoffentlich jeden Fehler finden. Detektiv Spürnase hat auch ein paar Tricks, wie man Fehler leichter aufspüren und überprüfen kann. Dieses Rezept wird anhand von KV 49 besprochen. Falls gewünscht, können zusätzlich bestimmte Zeichen zur Verbesserung von Fehlern besprochen werden (KV 50).

Nun erhalten die Kinder den eigentlichen Arbeitsauftrag. Die Lehrerin berichtet, dass man selbst in der Zeitung immer wieder Fehler findet, weil der Redakteur sie übersehen oder sich versehentlich vertippt hat. Da die Schüler nun ausgebildete Fehlerdetektive sind, sind sie sicher in der Lage alle Fehler, die in der Zeitung stehen, zu verbessern. Dazu wird die Methode „Runder Tisch“ (Bochmann 2008, S. 51) eingeführt.

Die Fehlertexte von KV 51 werden auf DIN A3 vergrößert und auf 6 Tischen, die in Kreisform aufgestellt sind, ausgelegt. Die Fehlertexte A und B haben als Fehlerschwerpunkt die Großschreibung von Nomen, die Texte C und D fehlende Buchstaben und bei den Texten E und F konzentrieren sich Fehler auf Satzanfang und Satzende.

Die Schüler werden in Kleingruppen zu etwa vier Schülern eingeteilt. Jede Gruppe erhält eine unterschiedliche Farbe zum Markieren von Fehlern und stellt oder setzt sich zu einem der Plakate. Nun müssen die Schüler den vor sich liegenden Text zunächst genau lesen. Wenn ihnen ein Fehler auffällt, sollen sie diesen im Plakat mit ihrer Stiftfarbe markieren und – falls möglich – verbessern. Nach spätestens zwei Minuten wird auf ein Zeichen hin der Tisch im Uhrzeigersinn gewechselt. Die Schüler lesen den neuen Text, sehen bereits gefundene Fehler und dürfen weitere Fehler suchen bzw. auch falsche Verbesserungen der Vorgängergruppe mit ihrem Stift verbessern. Nach zwei Minuten wechseln alle Gruppen wieder im Uhrzeigersinn den Tisch. Nach sechs Wechseln ist jede Gruppe wieder an ihrem Anfangstisch und kann sich ansehen, was die anderen Gruppen verbessert oder gefunden haben. Für schwächere Schüler kann dabei die Gesamtfehlerzahl verdeckt an einer Stelle angegeben werden.

Nachdem die Fehler gefunden wurden, kommt die Klasse im Kinositzkreis vor der Tafel zusammen. Die verbesserten Plakate werden an die Tafel geheftet. Nun wird gemeinsam überlegt, welcher Fehlerschwerpunkt auf dem jeweiligen Plakat gemacht wurde. Die korrigierten Fehler werden auf die richtige Verbesserung hin überprüft. Dabei können Rechtschreibstrategien besprochen werden (z. B.: Am Satzende kommt immer ein Punkt. Am Satzanfang schreibt man immer groß. Namenwörter werden immer groß geschrieben. Wie kann man überprüfen, ob ein Wort ein Namenwort ist? usw.).

Über Lernen nachdenken
Um die Arbeitstechnik zu sichern, erhalten immer zwei Schüler nochmals einen der Fehlertexte. Mithilfe der Methode Pair-Check (Bochmann 2008, S. 59) überarbeiten sie diesen. Der erste Schüler liest den ersten Satz vor und benennt den Fehler. Falls möglich, nennt er die passende Rechtschreibstrategie dazu. Der andere hört genau zu und überlegt, ob sein Partner damit Recht hat. Im Sinne des kooperativen Lernens lobt er dann seinen Partner, wenn er richtig verbessert hat. Oder hilft, wenn z. B. ein Fehler nicht gefunden wurde. Dann werden die Rollen getauscht, der zweite Schüler liest den zweiten Satz vor. Mithilfe der Drei-Finger-Methode schätzen die Schüler zum Abschluss ein, wie gut sie nun schon Fehler finden und verbessern können:

- Drei Finger = Ich finde Fehler schnell und kann sie gut verbessern.
- Zwei Finger = Es klappt schon recht gut, aber noch nicht immer.
- Ein Finger = Ich muss ein besserer Fehlerdetektiv werden und noch üben.

Mögliche Anschlussaufgaben
Nachdem die Fehler in den Texten aufgefunden und besprochen wurden, können die Kinder anhand der verbesserten Fehlertexte eine weitere Arbeitstechnik einüben: das methodisch sinnvolle Abschreiben. Hierzu erhalten die Kinder einen der Texte, verbessern zur Wiederholung nochmals individuell die Fehler und schreiben den Text dann in methodisch sinnvollen Schritten fehlerfrei ab (KV 43).

Zur Kontrolle erhält ein Partner den Vorlagentext und den abgeschriebenen Text seines Mitschülers. Nun gilt es wieder, eventuelle Fehler des Partners zu entdecken und ihn behutsam darauf hinzuweisen.

KV 43

So schreibe ich richtig ab!

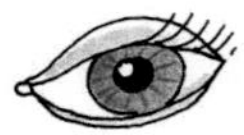

1. Schritt: Ich schaue mir das Wort oder den Satz ganz genau an und achte auf schwierige Stellen.

2. Schritt: Ich spreche mir den Satz deutlich vor.

3. Schritt: Ich teile den Satz in sinnvolle Abschnitte ein. Ich merke mir die Abschnitte gut.

4. Schritt: Ich schreibe die Abschnitte auswendig auf und spreche leise dazu.

5. Schritt: Ich vergleiche mit der Vorlage. Ein Wort mit einem Fehler streiche ich durch und schreibe es nochmal richtig ab.

Detektiv Spürnase findet alle Fehler!

1. Ich lese mir den Text langsam vor.
   Wenn ich mir bei einem Wort unsicher bin,
   schreibe ich ein Fragezeichen darüber.

2. Ich schaue mir das Wort unter der Lupe an.
   Ich spreche es mir vor.
   Habe ich das Wort schon gelesen oder geschrieben?
   Kenne ich ein verwandtes Wort oder eine Regel?

3. Wenn ich mir immer noch unsicher bin,
   schlage ich im Wörterbuch nach.

4. So verbessere ich das falsche Wort:
   Ich streiche das falsche Wort mit Lineal durch.
   Ich schreibe es richtig darüber.

KV 50

Fehlerzeichen

⊥ Dieser Buchstabe ist falsch oder: Hier fehlt ein Buchstabe.

Y Hier fehlt ein Wort oder mehrere Wörter.

↑ Das Wort wird **groß** geschrieben.

↓ Das Wort wird **klein** geschrieben.

‿ Das Wort wird zusammen geschrieben.

↷ Diese Buchstaben sind vertauscht.

○ Hier fehlt ein Satzzeichen oder:
Hier steht ein falsches Satzzeichen.

Fehlerzeichen

⊥ Dieser Buchstabe ist falsch oder: Hier fehlt ein Buchstabe.

Y Hier fehlt ein Wort oder mehrere Wörter.

↑ Das Wort wird **groß** geschrieben.

↓ Das Wort wird **klein** geschrieben.

‿ Das Wort wird zusammen geschrieben.

↷ Diese Buchstaben sind vertauscht.

○ Hier fehlt ein Satzzeichen oder:
Hier steht ein falsches Satzzeichen.

KV 51

A/B: Großschreibung von Nomen

A Gelungenes Schulfest

Amberg. An der Max-Josef-Schule fand am freitag ein großes schulfest zum Thema „märchen“ statt. Die Schüler aller 16 klassen boten den Zuschauern ein tolles Programm. Die Theater-AG spielte das Märchen vom Aschenputtel. Der schulchor sang fröhliche lieder. In der pause verkaufte der Elternbeirat kaffee und kuchen. Außerdem gab es in der Aula eine große Verlosung mit schönen preisen.

10 F

B Aufregende Lesenacht

München. Für die kinder der Klasse 2a fand von Freitag auf Samstag eine lesenacht statt. Mit schlafsäcken, Kuscheltieren und vor allem büchern bewaffnet, machten es sich die Kinder in ihrem klassenzimmer gemütlich. Zuerst wurde einige spiele gespielt. Die Eltern hatten alles für einen grillabend vorbereitet. Nach dem Essen wurden gespenstergeschichten vorgelesen. Danach las jedes Kind fast die ganze nacht hindurch in seinem eigenen Buch. Die müden Leseratten wurden mit einem leckeren frühstück geweckt.

10 F

3.3 Geschichten im Team planen: Wie geht so etwas?

Geschichten kann man sehr gut im Team planen und auch zusammen ausarbeiten. Lange Zeit ging man davon aus, dass jedes Kind beim Geschichten schreiben alleine arbeiten soll. Seit kooperative Lernformen immer mehr Einzug in den Unterricht halten und viele Schulen bereits mit einem verbindlichen Sozialziele-Katalog arbeiten, weiß man, dass „Schüler in Klassen, in denen soziales Lernen systematisch betrieben und kultiviert wird (...) mit der Zeit in aller Regel einen freundlicheren, positiveren und förderlichen Umgang miteinander" (Weidner 2012, S. 104) haben. „Dies führt dazu, dass das Klassengeschehen wesentlich besser, reibungsfreier und erfolgreicher verläuft. Insbesondere bei der kooperativen Gruppenarbeit werden die Schülerinnen und Schüler zunehmend selbstständiger in ihren Arbeitsweisen, wodurch die Lehrkräfte allmählich weniger intensiv wegen Kleinigkeiten gefordert werden und viel gezielter die ablaufenden Prozesse beobachten oder Einzelnen konzentrierter helfen können." (Weidner, S. 104) Dies kann auch für die Textproduktion genutzt werden. „Erfolgreiche, kooperative Gruppenarbeit ist nur gewährleistet, wenn der Umgang der Schüler und Schülerinnen miteinander von gegenseitiger Wertschätzung, Akzeptanz, Respekt, Vertrauen und Einfühlungsvermögen getragen wird." (Weidner, S. 119)
Verschiedene teambildende Maßnahmen sind ein wichtiger Bestandteil auf dem Weg zur erfolgreichen kooperativen Gruppenform. Gruppenbildende Aktivitäten sind z. B. Line up, Eckenplausch (Corners), Börsensturz, Allein ... zwei ... vier, Bube ... Dame ... König und das Puzzle-Quiz. (Weidner, S. 141 ff.) In diesen Gruppen kommt jedes einzelne Kind mit jedem anderen Kind in Kontakt. Setzt sich jedes Kind mit jedem auseinander, wächst neben einem Gemeinschaftsgefühl auch die Anerkennung an der Arbeit des Anderen. Eine Gruppe ist immer stärker als ein Einzelner, was übertragen für die Textproduktion bedeutet, dass Texte, die gemeinsam entstehen, oft kreativer und stimmiger sind, als Texte, die alleine verfasst werden. Denn im Team lernen Kinder, die eine Schreibaufgabe erfüllen, bereits während des Schreibens, was optimiert werden kann und nicht erst durch die Korrektur der Lehrerin, da jedes Gruppenmitglied sein individuelles Können in die Gemeinschaftsproduktion mit einbringt. Von der gemeinsamen Arbeit profitieren vor allem Schüler, die weniger sprachlich begabt sind.
Das Strukturschema einer kooperativen Unterrichtsstunde kann folgendermaßen aussehen: Am Beginn steht eine teambildende Aktivität. Danach wird die Gruppenart und -größe festgelegt. Tische und Stühle im Klassenzimmer müssen in Position gebracht werden, um eine Face-to-Face-Interaktion möglich zu machen. Das soziale Ziel wird gemeinsam besprochen und festgelegt, z. B. bezüglich des Konfliktverhaltens, der Zusammenarbeit, der Empathie etc. Erst jetzt kommt es zur Aufgabenstellung und Klärung des Unterrichtsthemas. Die Rollen innerhalb der Gruppe werden je nach Bedarf und Texttyp festgelegt. So kann z. B. ein Kind

dafür zuständig sein, dass abwechslungsreiche Satzanfänge verwendet werden, ein anderes überprüft, ob genügend und vor allem treffende Adjektive im Text stehen, ein Mitglied der Gruppe ist für das Wortfeld sagen zuständig usw. Die Aufgabenstellung wird dann von den einzelnen Lerngruppen bearbeitet. Im Anschluss daran werden die Gruppenergebnisse präsentiert und es kommt zur Schlussbewertung bzw. Reflexion der Arbeitsprozesse und deren Produkte.

Strukturschema einer kooperativen Unterrichtsstunde

Der Ablauf einer kooperativen Lerneinheit stellt sich von der Struktur her folgendermaßen dar:

Teambildende Aktivitäten
– Sprechanlässe bieten –
(„Börsensturz", „Eckenplausch", „Ich über mich" ...)

Gruppenfindung
Gruppenart und -größe themenadäquat auswählen
Tische bedarfsspezifisch anordnen
(Face-to-Face-Interaction)

Besprechen und Festlegen des sozialen Zieles
(social skill)

Aufgabenstellung
– Hinführung/Klärung des Unterrichtsthemas –
(inklusive fachliche Ziele)
– Materialbeschaffung –
– Zuordnung und Klärung der Rollen –

Gruppenarbeit

Präsentation der Ergebnisse

Schlussbewertung/Reflexion
– Arbeitsprozesse und -produkte –

Aus: Weidner, Margit (2003/7. Auflage 2012): Kooperatives Lernen im Unterricht, S. 146. Kallmeyer in Verbindung mit Klett, Friedrich Verlag GmbH, Seelze-Velber.

Nach der Schlussbewertung und durch die Präsentation der anderen Gruppen geht die Geschichte zum Schluss in die Überarbeitungsphase/Schreibkonferenz, um sie noch weiter zu verbessern.

Kompetenzen

Sozial:
- Ideen und Meinungen in die Gruppe einbringen
- gegenseitiges Ermuntern, damit sich jeder in die Gruppe einbringt
- den Sprecher beim Sprechen anschauen und nicht unterbrechen

Inhaltlich:
- Schreibabsicht, Schreibsituation, Adressaten und Verwendungszusammenhang klären
- sprachliche und gestalterische Mittel und Ideen sammeln

Neben der Schulung inhaltlicher Kompetenzen wird in diesem Kapitel auf die Schulung der sozialen Kompetenzen ebenso viel Wert gelegt. Damit dies gut gelingt, wurden kooperative Lernformen ausgewählt, die die Zusammenarbeit der Gruppe in den Mittelpunkt stellen.

Hinweise zum Unterricht (ca. 3–4 Unterrichtsstunden)

Vorbereitung
- Gruppentische
- Material (verschiedene Bilder von Haustieren, Satzstreifen, Schreibpapier, Stifte)
- Rollenkärtchen
- Vorlage für Placemat (für die Gruppenarbeit auf A3 vergrößern)

Materialien auf CD-ROM
- Auftragskarte für die Gruppenarbeit „Geschichten Schreiben“ (KV 52), S. 103
- Rollenkärtchen „Geschichten Schreiben“ (KV 53), S. 104

Ablauf
Bei dieser Unterrichtssequenz soll es primär darum gehen, gemeinsam einen informativen und abwechslungsreichen Text zu einem Haustier zu verfassen. Die Erfahrung des gemeinsamen Schreibprozesses steht dabei von der Planung

bis zur Überarbeitung stets im Mittelpunkt. Zunächst findet eine teambildende Aktivität statt, z. B. das Line up. Die Schüler stellen sich in der Reihenfolge ihres Geburtsdatums auf. Immer vier Kinder bilden dann eine Gruppe. Bei einer ungeraden Zahl kann es auch eine Dreier- oder eine Fünfer-Gruppe geben. Die Kinder gehen in die Gruppen, in denen zuerst die sozialen Ziele (s. o.) gemeinsam besprochen werden und die Gruppenrollen festgelegt werden: Flüsterstimmenchef; Schreiber; Wer kümmert sich um Adjektive = Aufpasser für Adjektive; Einer überprüft, ob die Sätze zum Thema passen = Überprüfer; Jemand liest die Sätze vor, die bereits formuliert wurden = Leser. (Bochmann /Kirchmann S.153)

Die Namen der jeweiligen Rolleninhaber kann die Lehrerin für die spätere Reflexion auch an die Tafel schreiben. Danach gilt es die Aufgabe der Gruppen, eine Geschichte zu einem Tierbild (Haustier) schreiben, zu besprechen. Die Schüler erhalten hierfür ein Tierbild und einen Geschichtenbauplan, der die Abfolge ihrer Aufgaben für die folgenden Unterrichtseinheiten beschreibt (KV 52). Nachdem die Schüler sich Stichpunkte gemacht haben, werden reihum (festgelegte Reihenfolge) Sätze zum Thema formuliert und auf Satzstreifen aufgeschrieben. Danach werden die Sätze so sortiert, wie sie im Text vorkommen sollen. Anschließend wird mithilfe dieser Sätze ein Text verfasst. Wieder wird der Reihe nach formuliert. Wichtig ist, dass jeder neue Satz nach Möglichkeit an den vorhergehenden Satz anschließt. Vergisst jemand den Zusammenhang der vorangegangenen Sätze, liest der Leser die bereits fertigen Sätze noch einmal vor. Der Zwischenschritt, Satzstreifen zu erstellen und diese dann in eine für den Text richtige Reihenfolge zu bringen, ist vor allem in der ersten und zweiten Klasse besonders wichtig (In höheren Klassen kann sofort nach der mündlichen Erarbeitung der Text geschrieben werden). Nach der Gruppenarbeit, die sich auch über mehrere Tage hinziehen kann, präsentieren die Schüler ihre Geschichte im Plenum. Bei der Reflexion stehen zum einen die Rollen und die Zusammenarbeit innerhalb der Gruppe im Mittelpunkt, aber auch die Textproduktion und die damit verbundenen sozialen und inhaltlichen Ziele. Zur schnellen Abfrage eignet sich die Drei-Finger-Methode oder die Reflexionsmuffins (KV 20). Nach der Reflexion der Ergebnisse geht die ursprüngliche Gruppe in die Überarbeitungsphase und beschäftigt sich mit den Arbeitsaufträgen der Kopiervorlage zur Schreibkonferenz (KV 52), um den Text zu verbessern (vgl. auch Kap. 3.6). Die gemeinsam produzierten Texte können auch in einem Geschichtenordner gesammelt werden.

Über Lernen nachdenken

In den Reflexionsphasen des Geschichtenschreibens setzen sich die Schüler intensiv mit ihrem eigenen Lernen auseinander. Durch Reflexionsphasen, die als fester Bestandteil im Unterrichtsgeschehen verankert sind, werden die Lernziele immer wieder wiederholt und Stolpersteine im eigenen Lernen formuliert.

Gerade für diese Stolpersteine sollte die Lehrerin ihre Schüler sensibilisieren und loben, wenn sie „ohne zu stolpern“ bewältigt werden.

Mögliche Anschlussaufgaben

Anschlussaufgaben könnten sein, für den Sachunterricht aus einem entstandenen Tiertext ein Tierreferat zu erstellen oder im Kunstunterricht den entstandenen Text zu illustrieren. Natürlich können die eingeübten Arbeitsaufträge auch in anderen Schulsituationen zum Einsatz kommen.

Beim Verfassen von Geschichten kann und sollte immer wieder auf das Schreiben im Team zurückgegriffen werden, um einen kontinuierlichen Lernprozess anzuleiten.

KV 52

Rollen für die Gruppe

- Flüsterstimmenchef
- Aufpasser für Adjektive
- Überprüfer
- Schreiber/Leser

Geschichtenbauplan

1. Schaut euch das Bild genau an. Welches Haustier ist dargestellt?
2. Schreibt auf, was jeder von euch zu diesem Tier weiß (Placemat). Einigt euch gemeinsam auf die wichtigsten Informationen.
3. Beschreibt das Aussehen eures Haustieres auf einem extra Blatt. (Größe, Farbe, ...)
   Als Hilfsmittel könnt ihr Sachbücher und ein Lexikon verwenden.
4. Formuliert ganze Sätze zu euren Notizen. (mündlich)
5. Schreibt eure Sätze auf Streifen.
6. Sortiert eure Streifen. Schreibt dann eure Sätze als ganzen Text. Findet schöne Übergänge.
7. Lest euren fertigen Text laut in der Gruppe vor.

Schreibkonferenz

- Überarbeitet euren Text.
- Kommen manche Wörter öfter vor? Tauscht sie durch ähnliche Wörter.
- Habt ihr verschiedene Satzanfänge eingebaut?
- Habt ihr treffende Adjektive (Wiewörter) verwendet?

KV 53

Rollenkärtchen für das Geschichten schreiben

Schreiber

Leser

! Aufpasser für Adjektive

Überprüfer

Flüsterstimmen-chef

3.4 Geschichten schreiben: Das kleine Rot und andere Geschichten

Das Geschichtenschreiben in der Grundschule ist ein Prozess, der mit dem einzelnen Wort beginnt und über den Satz zum Text führt. Damit dieser Prozess für jeden Schüler bis zur dritten Klasse abgeschlossen wird, sollten Schüler von Anfang an zum Schreiben animiert werden, jeder, so gut er kann, mit so viel Unterstützung wie nötig. Die meisten Schüler beginnen mit der Textproduktion bereits während der ersten Klasse, z. B. mit Beiträgen zum Klassenrat. Oder indem sie Geschichten schreiben, die sie emotional ansprechen und dabei Formen der Textproduktion erlernen, die gut und schnell umgesetzt werden können. Elfchen, Akrostichen und Rondelle sind dabei beliebte Formen, um Kinder an das Schreiben in der ersten und zweiten Klasse heranzuführen. Neben diesen kreativen Schreibformen ist es jedoch auch von Bedeutung, dass die Kinder zu bestimmten Themen Texte verfassen. Sachunterrichtsthemen, Tiere, Hobbys, Feste im Jahres- und Familienkreis eignen sich dafür besonders gut. Beim Texte verfassen wird man im Verlauf der zweiten Klasse als Lehrerin darauf achten, dass die Schüler abwechslungsreiche Satzanfänge benutzen oder nach dem Besprechen der Adjektive und nach der Wortfeldarbeit im Sprachunterricht ihr Wissen auf die Textproduktion übertragen lernen. Bevor aber ein Kind regelmäßig abwechslungsreiche Satzanfänge, Wortfelder und Adjektive in eine eigene Geschichte einbaut, wird es zuerst lernen müssen, wie man diese Stilmittel richtig einsetzt (s. a. Kap. 5.2, S. 162). Nur wenige Schüler verfügen über einen so ausgeprägten aktiven Wortschatz und ein sicheres Sprachverständnis, dass ihnen dies selbstständig, ganz ohne Angebote der Lehrerin, gelingt. Damit verschiedene Satzanfänge, unterschiedliche Wörter für *gehen* oder *sagen* und aussagekräftige Adjektive in der Textproduktion zum Einsatz kommen, sollten sie immer wieder im Unterricht geübt werden. Eine Lerntheke zu den einzelnen Bereichen ist eine Möglichkeit, um den Gebrauch der bevorzugten Stilmittel einzuüben. Eine Kartei, die je nach Bedarf während des Schreibprozesses genützt werden darf, eine andere. Viele Wörterbücher für die Grundschule haben einen Zusatzteil, in dem den Schülern Wortmaterial zum Geschichtenschreiben angeboten wird. Die Nutzung von Wörterbüchern sollte deshalb im Unterricht angebahnt werden.

Kompetenzen

- Schreibabsicht, Schreibsituation, Adressaten und Verwendungszusammenhang klären
- sprachliche und gestalterische Mittel und Ideen sammeln und umsetzen

Hinweise zum Unterricht

Vorbereitung

- Kopiervorlagen auf buntes Papier kopieren, passend zur Nummerierung der Auftragskarten
- Papier für die Kinder (Karteikarten, Schreibpapier)
- Karteikarten (Adjektive, Satzanfänge, Wortfelder)
- Verabredungskalender ausfüllen

Materialien auf CD-ROM ◎

- Geschichte „Das kleine Rot" und Auftragskarten (KV 54), S. 108 (Auszug)
- Karteikarten (Satzanfänge, Adjektive, Wortfelder) (KV 55), S. 109 (Auszug)
- Placemats (KV 62–64), S. 110 (Auszug)
- Verabredungskalender (KV 66)

Ablauf

Anhand der Auftragskarten (KV 54/KV 55) sollen die Schüler durch das Einsetzen von verschiedenen Satzanfängen, Adjektiven und den richtigen Gebrauch der Wortfelder *sagen* und *gehen*, den Umgang mit verschiedenen Stilmitteln zur Textproduktion üben. Dadurch, dass die Schüler mit Partnern üben, wird die Kontrolle der Arbeitsergebnisse durch diese übernommen, indem sie gemeinsam an einem besseren Ergebnis arbeiten. Selbstkontrollblätter der Lehrerin für die Lerntheke sind hier wenig sinnvoll, da viele unterschiedliche Ergebnisse richtig sein können. Vor allem deshalb, da jedes Kind an einem anderen Punkt des Lernprozesses im Bereich „Texte verfassen" steht. Das Bearbeiten mancher Auftragskarten der Lerntheke kann innerhalb des Wochenplans erfolgen (1a, b, d). Für die meisten Auftragskarten benötigen die Schüler allerdings etwas mehr Zeit (2a, b, c, d e; 3, 4), deshalb sollte das Bearbeiten dieser Karten besser innerhalb des Deutschunterrichts erfolgen. Im Anschluss an die Lerntheke steht die Reflexion über den gelernten Inhalt. Dies geschieht im Stuhlkreis oder mithilfe der Reflexionssonne (KV 22).

Um dem Anspruch des kooperativen Lernens gerecht zu werden, kommt innerhalb der Lerntheke der Verabredungskalender zum Einsatz. Im Verabredungskalender muss jedes Kind vier feste Partner eingetragen. Einen Partner an 1. Stelle (1-Uhr-Partner), einen an 2. Stelle (2-Uhr-Partner), einen an 3. Stelle (3-Uhr-Partner) und einen an 4. Stelle (4-Uhr-Partner). Die Partner wählen die Kinder selbst. Setzt z. B. Jan Simon an 1. Stelle, so muss auch Simon Jan an die 1. Stelle schreiben usw. (KV 66). (nach Bochman/Kirchmann, 2. Auflage 2012, Kopiervorlagen für die Schülerhand)

Über Lernen nachdenken
Anhand der Kontrolle durch und mit dem Partner steigen die Schüler bereits während ihrer Arbeit an der Lerntheke intensiv in das Thema ein. Während der Reflexion versuchen sie ihren eigenen Lernprozess zu beschreiben.

Mögliche Anschlussaufgaben
Die Karteikarten mit den Adjektiven, Satzanfängen und Wortfeldern kommen während des ganzen Schuljahres weiterhin beim Geschichtenschreiben zum Einsatz. Auch Schreibkonferenzen stellen sinnvolle Anschlussaufgaben dar, da hier das eingeübte Wissen besonders gut eingesetzt werden kann.

KV 54

Lerntheke: Geschichten schreiben

Das kleine Rot

An einem roten Tag ging das kleine Rot spazieren. Es lief über rote Wege und rote Wiesen. Als es einen roten Baum mit roten Birnen sah, machte es Halt. „Die schmecken bestimmt ganz rot, so rot wie die aussehen", dachte es bei sich und pflückte sich zwei. Danach setzte das kleine Rot seinen Spaziergang rot fort und hatte noch roten Spaß.

Auftragskarten:

Auftragskarte 1a (Das kleine Rot):

1. Arbeite zusammen mit deinem 1-Uhr-Partner.
2. Schreibt die Geschichte ab. Ersetzt die unterstrichenen Wörter. Die Karteikarte zu den Adjektiven (Wiewörter) hilft euch.
3. Lest euch gegenseitig die Geschichte vor. Überprüft, ob ihr rot durch passende Wörter ersetzt habt.

Bewertet eure Zusammenarbeit: ☺ 😐 ☹

KV 55

Die Karteikarten können jeweils in der Mitte gefaltet und zusammengeklebt werden. Zum Arbeiten an Geschichten empfiehlt es sich, die Karten mehrfach im Klassenzimmer zu haben und im Anschluss an das Falten und Kleben zu laminieren.

Satzanfänge

1. Kreise jeden Satzanfang mit Farbe ein.

2. Sind viele Satzanfänge gleich? Dann überlege dir andere Satzanfänge.

Tipp:

Hilfe findest du auf der Rückseite.

KV 62

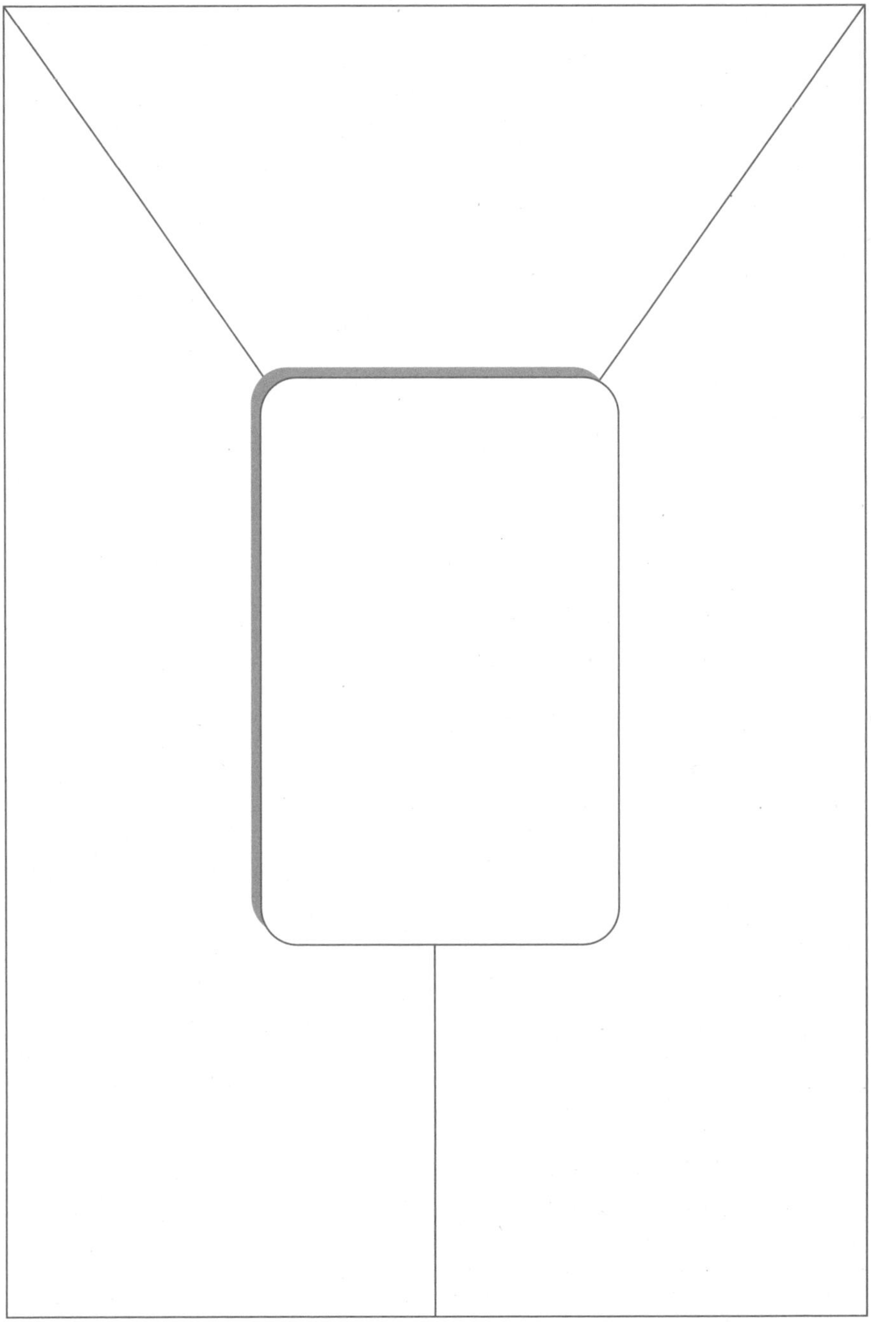

3.5 Geschichten überarbeiten: Schreibkonferenzen abhalten

Schreibkonferenzen kommen immer dann zum Einsatz, wenn es in die Überarbeitungsphase von verfassten Texten geht. Bereits während die Schüler an der Lerntheke zum „Texte verfassen“ arbeiten, erhalten sie anhand der Auftragskarten immer wieder die Aufgabe, den entstandenen Text mithilfe der Karteikarten gemeinsam zu überarbeiten. Auch nachdem die bereits einmal überarbeitete Geschichte der Klasse vorgestellt wurde, werden die Texte noch einmal in einer Schreibkonferenz überarbeitet, um sie, unterstützt durch Verbesserungsvorschläge des Plenums und der Klassenlehrerin, noch weiter zu verbessern. Ist der Text einer Gruppe bereits gut gelungen und eine Überarbeitung entfällt, erteilt die Lehrerin dieser Gruppe eine Zusatzaufgabe, z. B. die Arbeit an einer weiteren Geschichte. Die Überarbeitung von Texten muss natürlich mit einer Klasse eingeübt werden. Um eine Schreibkonferenz einzuführen, empfiehlt es sich, zunächst an Texten zu arbeiten, die bewusst auf ein Überarbeitungskriterium hin, falsch geschrieben wurden, z. B. langweilige bzw. falsche oder nicht vorhandene Satzanfänge oder falsche Adjektive (KV 56/KV 60). Eine Übersicht (KV 61), was während der Schreibkonferenz verbessert werden soll, erleichtert die Arbeit für die Schüler. Je nach Leistungsstand der Klasse können die Überarbeitungskriterien sukzessive ergänzt werden. Mehr als drei bis vier Kriterien sind in der 1. und 2. Klasse jedoch nicht sinnvoll.

Kompetenzen
- Schreibabsicht, Schreibsituation, Adressaten und Verwendungszusammenhang klären
- sprachliche und gestalterische Mittel und Ideen sammeln bzw. umsetzen

Hinweise zu Unterricht

Vorbereitung
- Karteikarten zu Adjektiven, Satzanfängen, Wortfeldern
- Wörterbuch
- Übersicht zur Schreibkonferenz (differenziert nach der Leistung der Gruppe)
- Kopiervorlagen mit Texten, die überarbeitet werden sollen
- Folie (OHP)

Materialien auf CD-ROM (◎)
- Karteikarten (Satzanfänge, Adjektive, Wortfelder) (KV 55)
- Kopiervorlage – Satzanfänge (KV 56), S. 113
- Kopiervorlage – Wortfelder (KV 60), S. 114
- Schreibkonferenz (KV 61), S. 115

Ablauf
Wird die Schreibkonferenz zum ersten Mal abgehalten, behandelt man hier das erste Kriterium der Schreibkonferenz. In den folgenden Stunden folgen dann alle weiteren Kriterien. Im Sitzkreis schildert die Lehrerin das Anliegen der Unterrichtseinheit. Dann liest sie den Beispieltext (KV 56) vor. Die Schüler erkennen sehr schnell, dass die Satzanfänge langweilig sind bzw. fehlen. Zuerst findet eine Gruppenaktivität (z. B. Allein ... zwei ... vier) statt. Die Kinder gehen dabei zur Musik durch den Raum. Stoppt diese, bleiben sie stehen und finden sich mit dem Kind, das ihnen am nächsten ist, zusammen. Zu zweit gehen sie weiter zur Musik durch den Raum. Beim zweiten Musikstopp bilden sie mit dem nächsten Pärchen eine Vierergruppe. (Weidner/Kallmeyer 2003, S. 142)

Danach arbeiten die Schüler in der Schreibkonferenz an den Satzanfängen, unterstützt durch das Wörterbuch oder die Karteikarten. Im Klassenverband präsentieren sie anschließend den überarbeiteten Text. Die Ideen der Schüler werden diskutiert und eine Möglichkeit wird gemeinsam auf der Folie (OHP) eingetragen. Zum Schluss wird die Arbeit in der Gruppe reflektiert (z. B. Drei-Finger-Methode). In der nächsten Schreibkonferenz wird wieder ein Kriterium bearbeitet (z. B. Adjektive oder Wortfelder). Wer eine sehr starke Klasse hat, kann auch zwei Kriterien auf einmal einführen.

Über Lernen nachdenken
Innerhalb der Schreibkonferenz analysieren die Schüler bereits Fehler und verbessern diese. Im Anschluss an die Arbeitsphase denken die Schüler dann während der Reflexion über ihren Lernzuwachs nach.

Mögliche Anschlussaufgaben
Schreibkonferenzen kommen beim „Texte verfassen" immer wieder zum Einsatz und werden je nach Bedarf bzw. je nach Klasse um unterschiedliche Kriterien erweitert.

KV 56

Verbessere die Satzanfänge

Der 1. Schultag nach den Ferien

Max und Maya gehen zur Schule. Dann sehen sie Ida an der Ecke.

Dann gehen sie zu ihr. Dann warten sie zusammen auf Samuel.

Dann gehen alle vier in Richtung Schule.

Dann hängen sie dort ihre Jacken auf.

Dann gehen sie in das Klassenzimmer.

1. Lest den Text ganz durch.
2. Lest jetzt immer einen Satz.
3. Streicht den Satzanfang durch und verbessert darunter.
4. Lest den Text noch einmal durch. Gefällt er euch jetzt besser?

Tipps und Tricks

Schaut im Wörterbuch nach.
Hilfe findet ihr auf der Karteikarte.

KV 60

Andere Wörter für gehen

1. Bewegt euch im Klassenzimmer so, wie es die Wörter beschreiben.

schlendern, hüpfen, schleichen, eilen, stolzieren, trampeln, watscheln, marschieren

2. Überlegt euch, wer der Klasse eure Pantomime vorspielen soll.

3. Bildet mit jedem Wort mindestens einen Satz.

KV 61

Schreibkonferenz

1. Sind alle Satzanfänge groß geschrieben?
2. Habt ihr unterschiedliche Satzanfänge benutzt?
3. Habt ihr die Nomen (Namenwörter) mit passenden Adjektiven (Wiewörter) genau beschrieben?
4. Habt ihr unterschiedliche Wörter für sagen und gehen genutzt?

Schreibkonferenz

1. Sind alle Satzanfänge groß geschrieben?
2. Habt ihr unterschiedliche Satzanfänge benutzt?
3. Habt ihr die Nomen (Namenwörter) mit passenden Adjektiven (Wiewörter) genau beschrieben?
4. Habt ihr unterschiedliche Wörter für sagen und gehen genutzt?

4 Lesen – mit Texten und Medien umgehen

Die Fähigkeit gut lesen zu können, gilt als Schlüsselkompetenz für fast alle weiteren Unterrichtsfächer. Wer in der Lage ist, gezielt Informationen aus Texten zu entnehmen und diese zu strukturieren und umzusetzen, kann sich leicht neues Wissen aneignen. Aber auch die Freude am Lesen an sich darf nicht außer Acht gelassen werden. Neben dem informierenden Lesen hat insbesondere das literarische Lesen in der Grundschule einen hohen Stellenwert. Solange die Kinder noch nicht ausreichend in der Lage sind, selbst Geschichten mit dem ausreichenden Lesevergnügen zu lesen, ist das Vorlesen von Geschichten und Bilderbüchern gerade in der Eingangsstufe nicht zu vernachlässigen. Erst wer gut liest, liest gern und dann meistens auch viel und mit Freude in der Freizeit. Und wer viel liest, liest zunehmend immer besser. Daher ist es eine zentrale Aufgabe der Grundschule, Kinder zum einen an die Welt der Bücher heranzuführen, die Lesemotivation aufrecht zu erhalten und den Kindern grundlegend die notwendigen Lesefähigkeiten und -fertigkeiten zu vermitteln. Neben der Beschäftigung mit der klassischen Kinderliteratur werden in den Bildungsstandards auch ausdrücklich verschiedene Sorten von Sach- und Gebrauchstexten sowie Erzähl-, lyrische und szenische Texte genannt. Auch die Fähigkeit über Gelesenes zu sprechen, Stellung zu einem Text zu beziehen und mit Texten und Medien sprachhandelnd umzugehen, ist ein zentrales Element der Bildungsstandards. Kinder müssen beim Lesen immer wieder auch Erfolgserlebnisse haben, damit die Lesemotivation aufrechterhalten wird. Darüber hinaus sollen sie neben Textsorten- und Strategiewissen vor allem auch die notwenige Leseflüssigkeit erlangen. Diese zu verbessern ist gerade im Anfangsunterricht wichtig, um ein erfolgreiches Weiterlesen zu ermöglichen. In den folgenden Kapiteln werden exemplarisch Möglichkeiten aufgezeigt, einige der erwarteten Kompetenzen zu schulen. In Kapitel 4.1 lernen die Schüler eine zentrale Lesestrategie und ihre Anwendung kennen. Kapitel 4.2 befasst sich mit der Kompetenz „Texte präsentieren" und erklärt exemplarisch, wie eine Buchvorstellung in der 2. Klasse ablaufen kann. Mit der Thematik der Verbesserung der Leseflüssigkeit befasst sich Kapitel 4.3. Hier werden Methoden des Lautlesens vorgestellt. In Kapitel 4.4 lernen die Kinder verschiedene Textsorten kennen.

4.1 Texte erschießen: Lesestrategien kennen und anwenden

Wissenschaftliche Untersuchungen (Pronold-Günthner 2011) zeigen, dass gerade leseschwache Kinder besonders von Lesestrategietrainings profitieren und sich ihre Lesekompetenz dadurch erhöht. Kompetenzorientierter Leseunterricht vermittelt daher auch Wissen, mit dem Texte selbstständig durchdacht und bewältigt werden können. Deshalb soll hier eine Möglichkeit vorgestellt werden, die Lesestrategie „mithilfe eines Stichpunktzettels berichten“ zu erarbeiten. In Verknüpfung mit anderen Texten soll diese Strategie angewandt und in einen Kontext von weiteren Lesestrategien eingebunden werden.

Kompetenzen
- Verfahren zur ersten Orientierung über einen Text nutzen
- Texte genau lesen
- Texte mit eigenen Worten wiedergeben
- zentrale Aussagen eines Textes erfassen und wiedergeben

Hinweise zum Unterricht

Vorbereitung
- Blitzlesewörter (auf Folie für den OHP kopieren)
- Unterwasserbild (auf Folie für den OHP kopieren)
- differenzierte Lesetexte
- Symbolkarten Strategie
- weitere Lesetexte

Materialien auf CD-ROM
- Blitzlesewörter (KV 67), S. 120
- Wimmelbild – Unterwasserwelt (KV 68), S. 121
- Differenzierte Lesetexte Seepferdchen (KV 69), S. 122 (Auszug)
- Symbolkarten Lesestrategie (KV 70), S. 123 (Auszug)
- Lesetexte Meerestiere (KV 71 – KV 74), S. 124/125
- Gruppenzielscheibe (KV 75), S. 126
- Lesefächer (KV 76), S. 127 (Auszug)

Ablauf
Zu Beginn der Stunde werden einige später textrelevante Wörter zur Vorentlastung erlesen (KV 67). Dazu wird eine Folie auf den Overheadprojektor aufgelegt und schrittweise Wort für Wort aufgedeckt. Da die Wörter immer länger werden, wird die Blickspanne der Kinder sukzessive erweitert.

Nun wird den Schülern ein Bild der Unterwasserwelt (KV 68) und der darin lebenden Tiere gezeigt. Dies kann im Vorfeld von der Lehrerin am Kopierer vergrößert werden. Die Schüler aktivieren ihr Vorwissen zu diesem Thema mit der Think-Pair-Share Methode. Dazu denkt jedes Kind zunächst für sich selbst nach, was es alles bereits über das Thema weiß. Im Anschluss sucht es sich einen Partner und erzählt diesem von seinem Wissen. Nachdem sich beide Partner ihr Vorwissen gegenseitig mitgeteilt haben, suchen sich die beiden ein weiteres Pärchen. Nun muss der jeweils andere Partner erzählen, was ihm sein erster Partner berichtet hat. Neben der Aktivierung des Weltwissens wird so zugleich das aktive Zuhören geschult.

Der Lehrer formuliert nun das Ziel der Stunde, nämlich den Kindern aus der Parallelklasse etwas über Meerestiere, insbesondere über das Seepferdchen, zu berichten. Schnell kommen die Kinder auf die Idee, dass es dabei praktisch ist, wenn man sich einen Notizzettel mit den wichtigsten Informationen erstellt. Gemeinsam wird überlegt, wo man etwas über diese Tiere nachlesen könnte. Hier werden von den Kindern spontan das Internet oder Tierlexika benannt.

Der Lehrer zeigt nun das Arbeitsblatt (KV 69) mit dem Lexikonartikel zum Seepferdchen. Die Schüler wissen schnell, dass man den Text zunächst genau lesen muss. Die Symbolkarte „Genau lesen“ (KV 70) wird an der Tafel befestigt. Die Schüler erhalten nun je nach Lesekompetenz einen längeren oder kürzeren Text (KV 69) über das Seepferdchen. Die Arbeitsaufträge sollten dazu zunächst nach hinten umgeklappt sein. Nun lesen die Kinder den Text genau durch. Schnellere Schüler schreiben auf den Block, was neu für sie war bzw. markieren unbekannte Wörter farbig. Diese sollten im Anschluss geklärt werden.

Nun wird der zweite Schritt der Lesestrategie erklärt (KV 70). Wenn man über einen Text etwas erzählen will, muss man herausfinden, was das Wichtigste im Text ist. Die Schüler stellen Vermutungen über die weitere Vorgehensweise an und finden schnell heraus, dass man wichtige Stellen und Wörter unterstreichen könnte. Nun wird geklärt, was „das Wichtigste“ sein könnte. Man darf nicht den ganzen Satz unterstreichen, sondern nur wichtige Schlüsselwörter (sie schließen den Text auf). Als Hilfestellung wird den Schülern erklärt, dass Schlüsselwörter solche Wörter sind, mit denen man den Text verstehen kann bzw. anhand derer man weiß, worum es im Text geht, ohne alles genau und Wort für Wort zu lesen.

Anhand eines Beispiels wird dieser Teil der Strategie verdeutlicht. Ein Satz wird vorgelesen, die Schüler benennen Schlüsselwörter und unterstreichen diese im Text. In Partner- oder Kleingruppenarbeit werden weitere Schlüsselwörter gefunden und unterstrichen. Hier sollte sich in der Kleingruppe auch eine Diskussion über Schlüsselwörter anschließen:

- Ist für jeden das gleiche Wort ein Schlüsselwort?
- Ist immer das gleiche Wort wichtig?
- Warum ist gerade dieses Wort für dich ein Schüsselwort?

Schnelle Paare oder Gruppen erhalten einen Zusatzauftrag: Ein Schüler liest den Text, der andere liest nur die unterstrichenen Wörter vor.

Nun wird der dritte wichtige Schritt der Strategie erklärt (KV 70). Wenn man über etwas berichten will, ist es schlecht, einfach nur alles vom Blatt abzulesen. Die Schüler erkennen schnell, dass sie nun mithilfe der unterstrichenen Wörter einen Stichwortzettel schreiben können. An dieser Stelle wird das Arbeitsblatt umgeklappt. Hier finden die Schüler einen angefangenen Stichwortzettel. Nun wird der Bezug zur Textstelle hergestellt. Die Schüler müssen den Satz vorlesen, der dem Stichpunkt entspricht. Jetzt wird der Begriff „Stichwort" klarer: Ein Stichwort ist ein verkürzter Satz. In Partnerarbeit finden die Kinder weitere Stichpunkte und schreiben sie auf. Schnellere Paare erhalten folgenden Zusatzauftrag: „Ein Kind liest den Stichpunkt, das andere den passenden Satz dazu. Es darf auch durcheinander gefragt werden."

Jetzt erfolgt schließlich der vierte Schritt der Lesestrategie: „Berichten mit Hilfe des erstellten Stichwortzettels" (KV 70). Es wird geklärt, dass es nicht geschickt ist, die Stichpunkte einfach nur herunterzulesen. Bei einem Vortrag müssen die Stichpunkte wieder frei in ganze Sätze umformuliert werden, sodass der Vortrag für den Zuhörer interessant bleibt. Die Schüler üben dies zunächst mit ihrem Partner, dann tragen einige Schüler beispielhaft vor der Klasse vor.

In der Folgestunde wird diese Strategie zunächst in ihren Einzelschritten wiederholt und dann an verschiedenen Texten geübt. Dazu wird die Methode Jigsaw-Puzzle/STEX eingeführt. Die Schüler bilden dabei Vierergruppen. Diese Gruppe ist die Stammgruppe (ST). Jeder in der Gruppe erhält einen eigenen Text über ein Meerestier (KV 71–74). Die Schüler erledigen Schritt 1 der Strategie (genau lesen) noch in ihrer Stammgruppe. Nun teilt sich die Gruppe auf. Alle Kinder, die über das gleiche Tier, z. B. über den Tintenfisch, den Hai... gelesen haben, kommen in einer Expertengruppe (EX) an einem Tisch zusammen. Nun wird in der Expertengruppe Schritt 2 und 3 der Strategie angewandt und durchgeführt. Die Haiexperten beispielsweise unterstreichen wichtige Schlüsselwörter über den Hai und schreiben dann einen Stichpunktzettel über ihr Tier. Im Anschluss gehen alle Experten zurück zu ihrer Ausgangsgruppe, der Stammgruppe. Nun hält jedes Kind in der Stammgruppe einen kurzen Vortrag über sein „Expertentier".

Über Lernen nachdenken

Mithilfe der Gruppenzielscheibe (KV 75) wird die Arbeit in der Expertengruppe reflektiert. Jeder Schüler erhält 5 Klebepunkte. Je nachdem, wie genau das Ziel getroffen wurde, klebt er seinen Punkt in die Mitte oder eher an den Rand der Zielscheibe. Nach der Arbeit in der Stammgruppe kann durch die Drei-Finger-Methode abgestimmt werden, inwieweit bestimmte Ziele in der Gruppe erfüllt wurden.

Mögliche Anschlussaufgaben

Nachdem jedes Kind in der Stammgruppe sein Tier vorgestellt hat, kann ein gemeinsames Plakat über Meerestiere gestaltet werden. Dazu darf geschrieben, gemalt oder geklebt werden. An dieser Stelle kann über die Arbeitstechnik „Plakatgestaltung" gesprochen werden. Um diese Strategie weiter zu festigen, sollte sie immer wieder angewendet werden. Insbesondere die Klärung unbekannter Begriffe und das Unterstreichen von Schlüsselwörtern sind zentrale Elemente, die als Unterrichtsprinzip auch in anderen Fächern geübt werden müssen.

In einer Anschlussstunde bzw. nachdem weitere Lesestrategien eingeführt wurden, kann der „Lesefächer" (KV 76) als Hilfestellung zum Erschließen von Texten eingeführt werden. Er fasst alle wichtigen Lesestrategien zusammen und hilft den Schülern, mit einem unbekannten Text selbstständig umzugehen.

KV 67

Folie: Blitzlesen

Auge Qualle Haifisch Schnauze Trompeten Nahrungssuche	See Seeigel Seeufer Seegurke Seesterne Seepferdchen	Fisch Tintenfisch Tintenfischblut Tintenfischarm Tintenschnecken Zwergtintenfisch
Meer Meersalz Meerwasser Meeresgrund Meeresstrand Meeresbewohner	Feind Freund Freiheit Fremder Feindschaft Freundschaft	Bauch Bauchtanz Bauchweh Bauchnabel Bauchtasche Bauchschmerzen

KV 68

KV 69

Name: ______________________ Datum: ____________

Seepferdchen

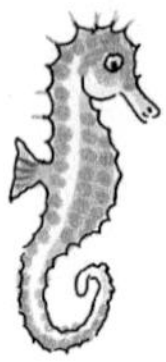

Ein Seepferdchen ist etwa **10 cm groß**. Mit seiner **Schnauze saugt** es kleine Meerestierchen auf. Diese sind seine **Nahrung**. Es **hört** sogar mit seiner **Schnauze**. Seepferdchen sind vor Feinden **gut geschützt**, denn ihre Haut ist fest wie ein **Panzer**.
Auch können diese Tiere ihre **Augen einzeln bewegen**.
Mit einem Auge suchen sie nach **Nahrung**, mit dem anderen halten sie nach **Feinden** Ausschau.

1. ☺ Schreibe mithilfe der dick gedruckten Wörter einen Stichwortzettel.
2. ☺☺ Ein Kind liest die Stichwörter, das andere liest die passenden Sätze dazu.
3. ☺ Decke den Text ab. Berichte mit den Stichwörtern.

KV 70

Genau lesen

1

Unterstreichen

2

KV 71

Name: ______________________ Datum: ______________

Qualien

Lies den Text und unterstreiche wichtige Wörter.

Notiere Stichpunkte.

Quallen leben im Meer. Sie bestehen fast nur aus Wasser. Diese Tiere haben einen glockenförmigen Schirm, den sie zum Schwimmen zusammenziehen. Unten am Schirm hängen Fangfäden, mit denen sie ihre Beute einfangen. Dazu benutzen sie giftige Nesselzellen in ihrem Körper. Allerdings ist das Gift vieler Quallen so schwach, dass sie uns Menschen nicht wirklich schaden können. Die „Gelbe Nesselqualle" wird auch Feuerqualle genannt. Berührt ein Mensch diese Qualle, brennt seine Haut sehr stark.

Quallen

– ______________________________

– ______________________________

– ______________________________

– ______________________________

– ______________________________

KV 72

Name: ______________________ Datum: __________

Wale

Lies den Text und unterstreiche wichtige Wörter.

Notiere Stichpunkte.

Wale gehören zu den Säugetieren, deshalb müssen sie regelmäßig zum Atmen an die Wasseroberfläche schwimmen. Dort stoßen sie zuerst die verbrauchte Luft aus. Dabei spritzt das Wasser hoch in die Luft. Danach atmet der Wal wieder frische Luft ein. Die Wale haben eine sehr dicke Fettschicht unter der Haut, die verhindert, dass der Wal im kalten Wasser auskühlt. Die Walbabys werden im Wasser geboren und schwimmen sofort selbständig mit der Mutter zur Wasseroberfläche, damit sie Luft schnappen können. Sie trinken bei der Walmutter Milch.

Wale

– ______________________

– ______________________

– ______________________

– ______________________

– ______________________

KV 75

Gruppenzielscheibe

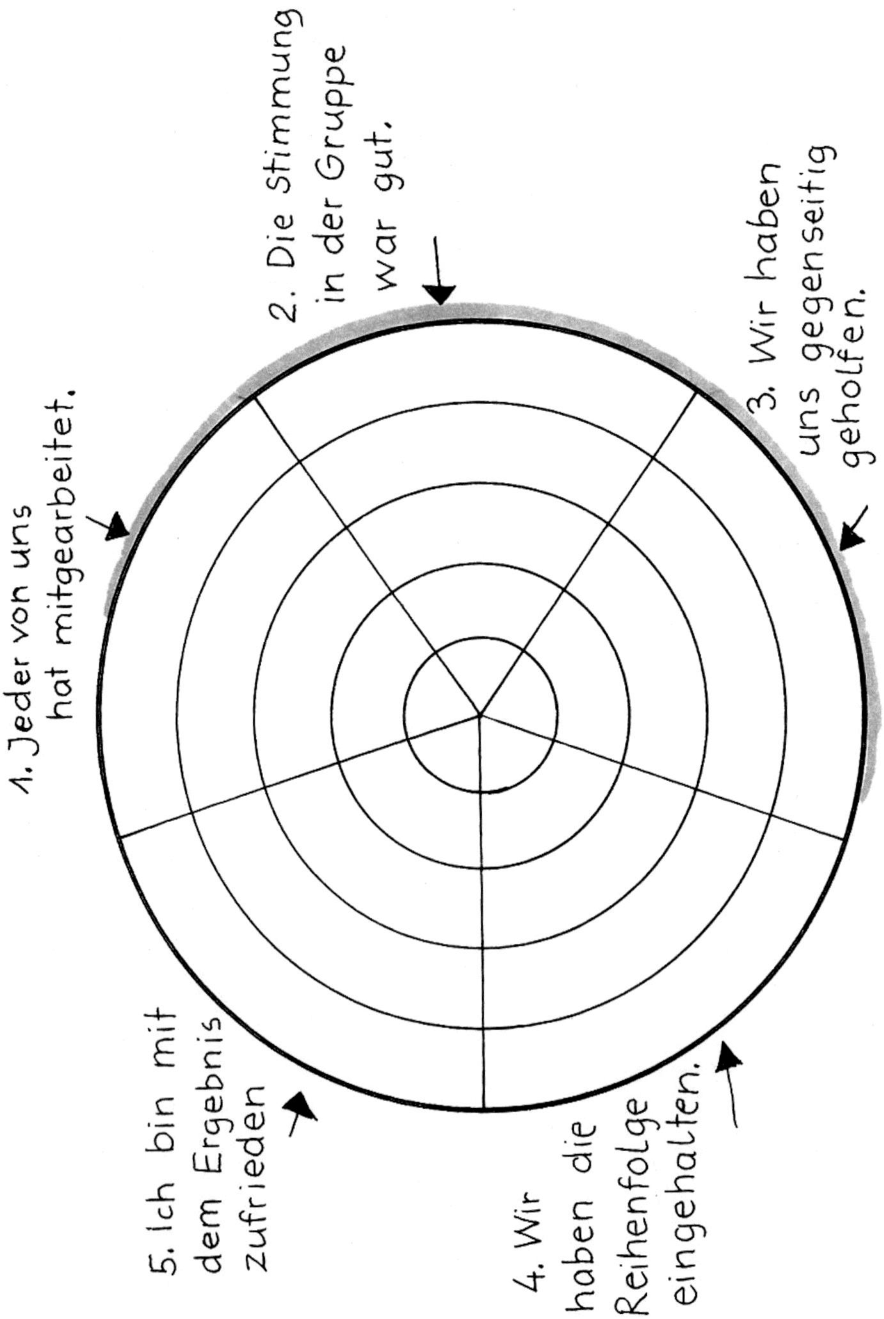

KV 76

Lesefächer

Mein

Lesefächer

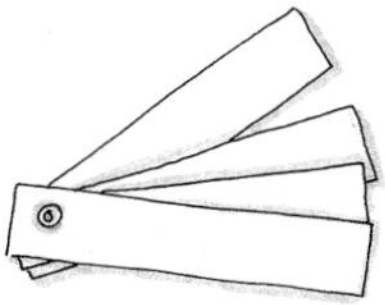

____

VOR DEM LESEN 1

Verschaffe dir einen Überblick

- Lies die Überschrift und schau die Bilder an.
- Worum geht es wahrscheinlich im Text?

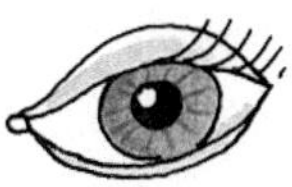

WÄHREND DES LESENS 2

Genau lesen

- Lies den Text langsam und leise durch.
- Unterstreiche Wörter, die du nicht kennst.

4.2 Texte präsentieren: Ein Kinderbuch vorstellen

In den Bildungsstandards wird innerhalb des Bereichs „Texte präsentieren" ausdrücklich die Kompetenz „Ein Kinderbuch selbst auswählen und vorstellen" genannt. Im nachfolgend beschriebenen Unterrichtsbeispiel sollen neben der Schulung dieser Kompetenz ein Kompetenzzuwachs in einigen weiteren Bereichen erreicht werden.

Kompetenzen
- selbstgewählte Texte zum Vorlesen vorbereiten und sinngestaltend vorlesen
- ein Kinderbuch selbst auswählen und vorstellen
- verschiedene Medien für Präsentationen nutzen
- Kinderliteratur kennen: Werke, Autorinnen und Autoren, Figuren, Handlungen
- Texte begründet auswählen
- die eigene Leseerfahrung beschreiben und einschätzen

Hinweise zum Unterricht

Vorbereitung
- Bücherkisten mit verschiedenen Kinder-, Bilder- und Sachbüchern
- Schreibvorlage Placemat – kann für Gruppenarbeiten auf DIN A3 vergrößert werden.
- Kopiervorlage – Was uns ein Buch erzählt
- Informationstexte zu den verschiedenen Textsorten
- Arbeitsplan Buchvorstellung und Vorlage Steckbrief
- Bewertungsbogen

Materialien auf CD-ROM
- Placemats (KV 77)
- Kopiervorlage – Was uns ein Buch über sich verrät (KV 78), S. 132
- Textsorteninformationskarten (KV 79), S. 133 (Auszug)
- Arbeitsplan Buchvorstellung (KV 80), S. 134 (Auszug)
- Bewertungsbogen Buchvorstellung (KV 81), S. 135

Ablauf

Als Vorbereitung für diese Unterrichtssequenz sollten viele verschiedene Kinderbücher, evtl. in einer Lesekiste, zusammengestellt werden. Die örtlichen Büchereien helfen hierbei in der Regel gerne weiter. In der Kiste sollten verschiedenste Buchsorten vertreten sein: Kinderromane, Bilderbücher, Sachbücher oder Lexika, Comics etc.

Zu Beginn stellt die Lehrerin die Bücherkiste in die Mitte des Stuhlkreises. Die Schüler erkennen einige Bücher wieder, erzählen, wann, wo oder was sie selbst gerne lesen. Die Lehrerin erklärt das Vorhaben. In den nächsten Deutschstunden wird sich die Klasse mit Büchern beschäftigen und jedes Kind soll selbst ein Buch vorstellen.

Die Schüler werden nun in Kleingruppen zu höchstens vier Kindern aufgeteilt. Jede Kleingruppe erhält ein klassisches Kinderbuch und die Schreibvorlage „Placemat" (KV 77). Bei dieser Methode erhält jeder Schüler ein eigenes Schreibfeld, in das er seine Ideen und Intentionen hineinschreibt. Nachdem jeder seine Ideen in das Feld geschrieben hat, wird das Papier immer um eine Position im Uhrzeigersinn weitergedreht, sodass nach und nach jeder in der Gruppe die Ideen seiner Mitschüler lesen kann. Dann erst darf gesprochen werden. Die Schüler sammeln nun Gemeinsamkeiten und Unterschiede. In der Mitte des Placemats (auch Platzdeckchen genannt) schreiben die Schüler nun eine Zusammenfassung ihrer Gruppenergebnisse. Diese werden im Anschluss vorgestellt.

Die Schüler erhalten daraufhin ihren Gruppenauftrag: „Schaut euch euer Buch genau von außen an. Jeder schreibt in sein Schreibfeld, was man von außen über das Buch erfährt, ohne das Buch aufzuklappen." Die Schüler verfügen mit Sicherheit über einiges Vorwissen, auch wenn bestimmte Begriffe evtl. nicht bekannt sind. Sie notieren z. B. den Autor, evtl. Illustrator, Verlag etc. Nachdem jeder geschrieben hat, wird das Blatt gedreht, sodass jeder nachlesen kann, was den anderen in der Gruppe eingefallen ist. Nun sammeln die Schüler ihre Gruppenergebnisse in der Mitte. Im Anschluss wird das Ergebnis vor der Klasse vorgestellt. Hierbei werden im Klassengespräch wichtige Begriffe genannt und weitere Informationen, welche den Kindern möglicherweise noch unbekannt waren, geklärt.

Mithilfe von KV 78 werden die wichtigsten Begriffe und Informationen über ein Buch gesammelt. Dann füllen die Kinder das Informationsblatt in ihrer Gruppe aus. Gemeinsam können auch noch die ersten Innenseiten eines Buches analysiert werden. Hier finden sich oft Informationen über den Autor oder weitere Werke, das Erscheinungsjahr des Buches und ein Inhaltsverzeichnis.

Jede Schülergruppe erhält nun eine Kiste mit verschiedenen Buchsorten. Für jede Gruppe sollten verschiedene Kinderromane (z. B. Abenteuer-, Detektiv-, Tier-, Fantasie-, Alltagsgeschichten), ein Sachbuch oder Lexikon, ein Bilderbuch und ein Comic enthalten sein. Darüber hinaus erhalten die Gruppen kleine Informationskarten über Textsorten (KV 79). Ihre Aufgabe ist es nun, durch das Betrachten der Außenseiten und durch kurzes Überblättern und Überfliegen herauszufinden, um welche Art von Buch es sich handelt. Die Ergebnisse werden kurz vorgestellt. Hier müssen die Schüler mithilfe der Informationskarten erklären und begründen, warum dieses Buch genau zu dieser Textsorte gehört.

Vielleicht sind die Kinder nun schon auf ein Buch gestoßen, das ihr Interesse geweckt hat und das sie der Klasse genauer vorstellen möchten. Ansonsten wird es den Kindern frei gestellt, ein selbst gewähltes Kinderbuch vorzustellen. Um die Arbeit besser zu strukturieren, erhalten die Schüler einen Arbeitsplan, der besprochen wird und den Kindern Anhaltspunkte liefert, was in der Buchvorstellung enthalten sein muss (KV 80). Zur Erleichterung der späteren Präsentation können die Schüler eine Gedankenlandkarte (Cluster/Mindmap) (KV 80) erstellen, das die wichtigsten Informationen über das Buch enthält. Den Schülern wird erklärt, dass ein Mindmap beim Nachdenken und Erinnern hilft. Es ist wie eine Landkarte im Gedächtnis. Mit der Gedankenlandkarte fällt es leichter, sich an Dinge zu erinnern. In der Mitte steht das Thema der Landkarte. Jede Abzweigung in der Landkarte entspricht einem neuen Gedanken, also z. B. zum Autor, zum Inhalt etc. Die Gedankenlandkarte kann durch neue Informationen, die zu einer Hauptabzweigung passen, erweitert werden (also z. B. durch Zusatzinformationen zum Autor). Im Arbeitsplan werden darüber hinaus Hinweise gegeben, wo die Schüler Zusatzinformationen über den Schriftsteller finden können, was über die Hauptpersonen und die Handlung erzählt werden sollte und was man beachten muss, wenn man eine bestimmte Textestelle vorliest. Innerhalb der Präsentation vor der Klasse können Bilder aus dem Buch gezeigt und gezeichnete Bilder der Hauptpersonen (KV 80) vorgestellt werden. Zur optischen Fixierung der wichtigsten Informationen zum Buch eignet sich ein selbst erstelltes Plakat. Ein wichtiges Kriterium ist auch, dass die Schüler begründen, warum sie gerade dieses Buch ausgewählt haben und auch am Ende beurteilen, wie ihnen das Buch gefallen hat und ob bzw. aus welchen Gründen sie es ihren Mitschülern weiterempfehlen würden.

Über Lernen nachdenken

Nach jeder Buchpräsentation erhält der Schüler über einen Rückmeldebogen (KV 81), den ein Mitschüler ausfüllt, ein Feedback zu seiner Präsentation. Auch die Lehrerin kann den Bogen ausfüllen und dem Schüler so eine Rückmeldung zur geleisteten Arbeit bzw. Vorschläge zur Weiterarbeit geben.

Mögliche Anschlussaufgaben

Je nachdem, welche Schwierigkeiten bei den einzelnen Schülern innerhalb der Buchvorstellung aufgetreten sind, ist es möglich, für die noch schwächeren Kompetenzbereiche Zusatzaufgaben anzubieten.

Mangelt es z. B. an einem flüssigen Lesevortrag, so können Übungen durchgeführt werden, um die Leseflüssigkeit zu verbessern (vgl. Kap. 4.4). Hat der Schüler zu wenig oder keine Zusatzinformationen z. B. über den Autor gefunden, so sollte er sich durch eine gezielte Recherche evtl. unter Mithilfe eines kompetenten Mitschülers auf die Suche nach Informationen machen. Gerade bei der Informationsrecherche im Internet kommt der Lesestrategie „überfliegend lesen“ eine große Bedeutung zu. Auch diese Strategie sollte im Unterricht kennengelernt werden. Besonders lesestarke Schüler können diese Strategie auch in der 1. und 2. Klasse bereits anwenden, um Schlüsselbegriffe schnell zu finden.

Hat der Schüler die Hauptpersonen nicht ausreichend vorgestellt, so sollte der Steckbrief noch einmal ausgegeben werden. Der Schüler erhält den Auftrag, sein Buch nochmals zu überfliegen und passende Informationen zur Hauptfigur zu sammeln.

Weitere Schreibaufgaben bieten sich an: z. B. einen Brief an den Autor verfassen, an eine der Hauptpersonen (fiktiv) schreiben, den Schluss umformulieren usw.

KV 78

Name: ______________________ Datum: ______________

Was uns ein Buch über sich verrät

Autor: (Wer hat das Buch geschrieben?)

____

Titel: (Wie heißt das Buch?)

____

Verlag: (Von welcher Firma stammt das Buch?)

____

Klappentext: (Worum geht es im Buch?)

____

____

Preis: ______________________________

Auf dem Buchrücken findest du auch wichtige Informationen.

– Autor: ______________________________

– Titel: ______________________________

– Verlag: ______________________________

– Alter: ______________________________

KV 79

Textsorten-Informationskarten

1 Roman

Ein Roman ist eine wahre oder erfundene Geschichte, die ein Autor aufgeschrieben hat. Die Hauptfiguren in der Geschichte sind Menschen, Fabelwesen oder Tiere.

Es gibt zum Beispiel:

- Abenteuergeschichten
- Detektivgeschichten/Krimis
- Tiergeschichten
- Fantasiegeschichten
- Alltagsgeschichten

2 Bilderbuch

Bilderbücher werden ganz besonders für Kinder geschrieben, die noch nicht so gut lesen können. Sie eignen sich zum Vorlesen und Erzählen. Ein Bilderbuch kann nur aus Bildern bestehen oder aus vielen, großen Bildern mit wenigen, kurzen Texten auf jeder Seite. Die Bilder sind so gemalt, dass man sie auch ohne den Text versteht.

KV 80

Ein Buch vorstellen – Was gehört dazu?

	erledigt
1. Gedankenlandkarte  Erstelle eine Gedankenlandkarte zu deinem Buch, die alle wichtigen Informationen enthält.	
2. Autor  Finde einige Informationen über den Autor heraus: Hat er weitere Bücher geschrieben? Was findest du über sein Leben, seine Familie? Hier findest du Informationen: • Lexikon • Kindersuchmaschinen im Internet (z.B. www.blinde-kuh.de)	
3. Hauptpersonen  Erstelle einen Steckbrief über die Hauptperson. Schreibe den Name, das Alter, die Freunde, Besonderheiten usw. auf.	
4. Handlung  Schreibe dir in Stichpunkten auf, worum es in dem Buch geht. Verrate aber nicht zu viel. Das Ende der Geschichte bleibt geheim. Versuche so zu erzählen, dass die anderen neugierig auf das Buch werden.	
5. Textstelle vorlesen Wähle eine besonders spannende Stelle im Buch aus, die du den anderen vorlesen möchtest. Übe deinen Vortrag.	
6. Präsentation vorbereiten  Gestalte ein Plakat mit den wichtigsten Informationen über dein Buch. Deine Gedankenlandkarte hilft dir dabei. Schreibe und male. • Welche Art von Buch ist es? • Warum hast du es dir ausgesucht? • Hat dir das Buch gefallen und empfiehlst du es weiter?	

KV 81

Bewertungsbogen Buchvorstellung

1. Fakten

Titel genannt ☐ ja ☐ nein

Autor genannt ☐ ja ☐ nein

Verlag genannt ☐ ja ☐ nein

Art des Buches benannt (z. B. Detektivgeschichte) ☐ ja ☐ nein

Auswahl des Buches begründet ☐ nur knapp ☐ ausführlich

2. Inhalt

Zusatzinformation über den Autor eingeholt ☐ ja ☐ wenig ☐ nein

Hauptpersonen vorgestellt ☐ sehr knapp ☐ ausführlich und genau

Inhalt des Buches genannt ☐ ja ☐ nein

Über die Handlung und das Ende nicht zu viel verraten ☐ ja ☐ nein

3. Vorlesen

gelungene Auswahl der Lieblingsstelle ☐ ja ☐ nein

Lesetechnik
- fließend ☐ ja ☐ nein
- sinnerfassend ☐ ja ☐ nein
- laut und deutlich ☐ ja ☐ nein
- Einsatz der Stimme ☐ ja ☐ nein

4. Präsentation

Medien (Folie, Bild, Tafel) zur Präsentation eingesetzt ☐ ja ☐ nein

Buch am Ende beurteilt ☐ ja ☐ nein

Einschätzung begründet ☐ ja ☐ nein

4.3 Über Lesefähigkeiten verfügen: Im Team lesen

Kompetenzorientierter Leseunterricht muss stets auch im Auge behalten, dass es gerade bei Leseanfängern vorrangig nicht um das analytische Erschließen von Texten geht, sondern ein wesentlicher Aspekt die Förderung der Leseflüssigkeit ist. Vor allem bei anspruchsvolleren und längeren Texten stellt man fest, dass Kinder häufig noch mit der Lesetechnik überfordert sind und deshalb den Inhalt des Gelesenen nicht erfassen können. Neben weniger wirksamen Vielleseverfahren (Lesepass, Leseolympiade) sollten daher vor allem Lautleseverfahren eingesetzt werden, welche die Leseflüssigkeit trainieren. In der angelsächsischen Leseforschung wird „Reading fluency“ als Bindeglied zwischen der Dekodierung und dem Verstehensprozess angesehen – ein Element, das in der deutschen Leseforschung lange Zeit vernachlässigt wurde.

Leseflüssigkeit umfasst nach Rosebrock/Nix (2008) vier Dimensionen:

1. **Die Dekodierfähigkeit von Wörtern:** Liegt diese unter 90%, so ist das Textverstehen beeinträchtigt.
2. **Die Automatisierung der Dekodierprozesse**, die kognitive Kapazitäten freistellt.
3. **Die Lesegeschwindigkeit**, d. h. eine angemessen schnelle Lesegeschwindigkeit, gemessen in Wörtern pro Minute (WpM).
   Unterschreitet diese den Wert von 100 WpM, so entstehen ebenfalls Probleme beim Textverständnis.
4. **Die Fähigkeit zur sinngemäßen Betonung der gelesenen Sätze:** Ein ausdrucksstarkes Vorlesen auch vor dem inneren Ohr führt zu besserem Verstehen. Lautlesen darf hierbei nicht mit dem lauten „Reihum-Lesen“ verwechselt werden, bei dem ein Schüler je einen Satz aus einem ungeübten Text vorliest. Diese Art des Vortrags ist nachweislich wirkungslos.
   In den Standards ist ausdrücklich gefordert, dass Schüler selbstgewählte Texte laut vorlesen bzw. bei Lesungen und Aufführungen teilnehmen soll. Das nachfolgend beschriebene Trainingsprogramm soll dazu beitragen, wichtige Kompetenzen zu schulen.

Kompetenzen
- altersgemäße Texte sinnverstehend lesen
- lebendige Vorstellungen beim Lesen entwickeln
- Texte genau lesen
- eigene Gedanken zu Texten entwickeln, zu Texten Stellung nehmen und mit anderen über Texte sprechen
- selbstgewählte Texte zum Vorlesen vorbereiten und sinngestaltend vorlesen
- Geschichten vortragen
- bei Lesungen und Aufführungen mitwirken

Hinweise zum Unterricht

Vorbereitung
- Texte mit unterschiedlichem Schwierigkeitsgrad (Wort- und Satzlänge, Fremdwörter, Anzahl der Wortwiederholungen)
- Texte mit einer Länge von ca. 200 Wörtern
- Texte zu unterschiedlichen Textsorten und Themen
- Einteilung der Schüler zu Lesetandems

Materialien auf CD-ROM
- Texte für Lesetraining (KV 82), S. 140 (Auszug)
- Hilfskärtchen für den Lesetrainer (KV 83), S. 141 (Auszug)
- Text für ein Lesetheater (KV 84), S. 142/143 (Auszug)
- Text „Die Bienenkönigin“ für Lesezirkel (KV 85), S. 144 (Auszug)
- Karten für den Lesezirkel (KV 86)

Ablauf
Lautleseverfahren lassen sich grundsätzlich in wiederholende Lautleseverfahren und begleitende Lautleseverfahren (Paired Reading/Buddy Reading) unterscheiden. Wenn ein neuer Text erlesen werden soll, so ist es zunächst sinnvoll, wenn die Lehrerin diesen als Lesevorbild gut betont vorliest. Die Schüler verfolgen den Text nur mit den Augen.

Dann arbeiten die Schüler mit einem Leselehrer (= Tutor, Lesetrainer). Als Paare sind verschiedene Konstellationen denkbar. Arbeitet man mit Lautlesetrainings innerhalb einer Klasse, so werden die Schüler entsprechend ihrer Leseleistung in eine Tabelle eingetragen. Die Klasse wird dann in zwei Hälften aufgeteilt. Der schnellste Leser der ersten Hälfte wird zum Lesetrainer des am schnellsten lesenden Kind aus der zweiten Klassenhälfte. Diese Zuordnung bleibt über einen längeren Trainingszeitraum bestehen. Arbeitet man in jahrgangskombinierten Klassen, so können Zweitklässler als Lesetrainer für die Erstklässler fungieren. Ebenso denkbar ist die Einführung fester Lesepatenschaften, z. B. zwischen Erst- und Drittklässlern bzw. zwischen Zweit- und Viertklässlern. Das Training sollte pro Einheit etwa 15 Minuten dauern und mindestens dreimal pro Woche durchgeführt werden. Außerdem sollte sich das Training über mehrere Monate erstrecken. Um den Kindern einen Anreiz zu geben, das Vorlesen (Lautlesen) zu üben, ist es sinnvoll, regelmäßig Lesungen zu veranstalten. Erstklässler können so beispielsweise monatlich im Kindergarten vorlesen, Zweitklässler lesen evtl. einmal pro Woche den Erstklässlern vor. Schnell wird den Kindern klar, dass der Text gut geübt und auch gut betont vorgetragen werden muss. Wissenschaftliche Studien (Gold u. a. 2010) haben ergeben, dass Lesetrainer und Lesesportler (= Tutand) gleichermaßen von dieser Fördermaßnahme profitieren.

Beim wiederholten Lautlesen liest der schwächere Leser einem Lesetutor einen Textabschnitt so oft laut vor, bis dieser eine festgelegte Lesegeschwindigkeit erreicht. Der Lesesportler wählt dazu sein Material selbst aus. Der Tutor notiert nach jeder Leserunde die Lesegeschwindigkeit und die Anzahl der Lesefehler auf einer Textkopie, indem z. B. ein Strich an der Stelle gezogen wird, die der Schüler nach einer Minute erreicht hat. Das wiederholte Lautlesen wird so lange mit dem gleichen Text geübt, bis etwa 100 WpM flüssig erlesen werden können. Dadurch steigert sich die Lesegeschwindigkeit und der Sichtwortschatz. Somit erhöht sich auch die Worterkennung bei geläufigen Wörtern.

Beim begleiteten Lautlesen, in der amerikanischen Literatur auch „Buddy Reading“ genannt, wählt ebenfalls der schwächere Leser einen Text aus. Der Lesetrainer und der Lesesportler sitzen dicht nebeneinander und haben den Text vor sich liegen. In einem ersten Schritt liest der Tutor laut vor, der Tutand führt zur Unterstützung den Finger mit. In einem zweiten Schritt erfolgt das „Echo-Lesen“. Der Tutor liest einen Satz vor, im Anschluss liest der Tutand den Satz wiederholt vor. Nun erfolgt das Chorlesen. Auf ein Zeichen hin beginnen beide gleichzeitig, den Text halblaut im Chor vorzulesen. Zur Unterstützung führt der Tutor den Finger mit. Während des Vorlesens achtet der Tutor auf unkorrigierte Lesefehler, die er, falls keine Selbstkorrektur erfolgt, verbessert. Sobald sich der Lesesportler sicherer fühlt, setzt der Tutor mit dem Vorlesen aus und führt nur noch die Zeilen mit dem Finger mit. Es kann auch abschnittsweise abwechselnd vorgelesen werden. Weitere Tipps für das Buddy Reading sind in KV 83 zusammengefasst. Nach dem Lesen tauschen sich die Partner über den Inhalt des Gelesenen aus.

Auch bei diesem Verfahren wird die Lesegeschwindigkeit erhöht und der Sichtwortschatz vergrößert. Außerdem lernt der Tutand Textsignale (z. B. Satzzeichen, Schlüsselwörter) zu beachten. Die geübten Texte werden der Parallelklasse oder jüngeren Schülern in einer Lesepräsentation vorgelesen.

Eine Alternative stellt das Lesetheater (Nix 2006) dar. Hierbei werden literarische Texte in Leseskripts umgewandelt und für eine Leseaufführung vorbereitet. Die Schüler schreiben also den Text in eine Art Theaterstück um und führen dieses anschließend auf. Dabei wird spielerisch das Vorlesen und betonte Lautlesen geübt (KV 84).

Über Lernen nachdenken
Der Tutor gibt seinem „Buddy“, also seinem Tutanden, bei dieser Methode immer wieder Rückmeldung über seinen Lesefortschritt. Er verbessert nicht selbst korrigierte Fehler und ermuntert seinen Lesepartner. Anhand des Lesefortschritts (gelesene Wörter pro Minute) erhalten die Schüler selbst einen Überblick über ihre Fähigkeiten. Mit der bereits beschriebenen Drei-Finger-Methode kann diese Selbsteinschätzung nochmals wahrgenommen werden.

Mögliche Anschlussaufgaben
In diesem Zusammenhang bietet es sich auch an, Texte mit der Methode des Lesezirkels (Bochmann 2008, S. 56) zu erschließen und zu üben. Der Lehrer teilt den Text in sinnvolle Textabschnitte ein (z. B. bei Vierergruppen in vier Abschnitte). Der erste Abschnitt des Textes, z. B. eines Märchens (KV 85), wird gemeinsam mit dem Tutor gelesen. Jedes Teammitglied erhält dann eine Karte (Vorlesen – Zusammenfassen – Fragen stellen – Vermuten). Nun liest jedes Kind zunächst nochmals den Text still für sich. Je nachdem, wie die Arbeitskarten verteilt wurden, beginnt das Kind mit der Karte „Vorlesen“ mit dem halblauten Vorlesen des ersten Abschnittes. Der Schüler mit der Karte „Zusammenfassen“ fasst nun das Gehörte in eigenen Worten zusammen. Der Schüler mit der Karte „Fragen stellen“ überlegt sich nun eine oder mehrere Fragen zu dem vorgelesenen Abschnitt, die alle beantworten können. Der Vierte in der Gruppe mit der „Vermuten“-Karte macht einen Vorschlag, wie das Märchen weitergehen könnte.

Dann werden die Auftragskarten im Uhrzeigersinn weitergereicht. Der zweite Abschnitt wird zunächst mit dem Tutor gelesen, dann erfolgt der gleiche Ablauf: Lautes Vorlesen durch den Schüler mit der Karte „Vorlesen“, „Zusammenfassen“, „Fragen“ und dann „Vermuten“. Jedes Kind muss also jede Aufgabe auf den Karten einmal bewältigen. Die Methode, die zunächst recht aufwändig erscheint, fördert jedoch wesentlich mehr Kompetenzen als nur das Erlesen eines Textes. Es geht ebenso um das Sprechen über Gelesenes und über das Lesen selbst, um einen Austausch über das Textverständnis, das Antizipieren etc.

Wird die Methode mit vielen unterschiedlichen Texten wiederholt und intensiv eingeübt, so werden gleichzeitig mehrere Kompetenzen aus den Bildungsstandards angesprochen und erreicht.

KV 82

Name: ____________________ Datum: ____________

Abenteuer im Zeltlager

In den Sommerferien war Martin im Zeltlager. Auf einer großen Wiese bauten die Kinder ihre Zelte auf. Direkt neben einem kleinem Bach lag eine Feuerstelle.

Am Mittwoch unternahmen die Kinder eine lange Wanderung. Danach waren alle sehr müde. Doch Martins Gruppe, die Mammuts, mussten in der Nacht Wache halten. Sie waren fast schon eingeschlafen, als Martins Freund Patrick plötzlich rief: „Hast du das auch gehört?“ Martin schüttelte den Kopf. Aufgeregt schaute er zum Waldrand. Auf einmal sah er einen Schatten. Plötzlich kamen dunkle Gestalten aus dem Wald. Patrick schrie so laut er konnte: „Überfall!“

Sofort leuchtete Martin mit seiner Taschenlampe. „Huch, was ist denn das?“, dachte er. Einige Mädchen hatten sich in der Dunkelheit an das Lager herangeschlichen. Von allen Seiten stürmten die Jungen herbei. Schnell mischten sie Wasser, Mehl, Ketchup und Senf in einem Eimer zusammen und formten daraus Kugeln. Mit diesen bewarfen sie ihre Angreifer. Das war ein Spaß! So schnell sie konnten, flüchteten die Mädchen zurück in ihr eigenes Lager. „Das war eine Aufregung!“, meinte Martin. Patrick kicherte: „Aber denen haben wir es gezeigt. Die kommen so schnell nicht wieder!“

Zufrieden schliefen die beiden Jungen in ihren Zelten ein.

KV 83

So solltest du mit deinem Partner umgehen

– Dein Lesepartner sollte sich wohl und willkommen fühlen.

– Setzt euch zum Lesen nebeneinander.

– Ermuntere deinen Partner und lobe ihn.

– Dein Partner hält das Buch/den Text.

Was kannst du tun, wenn dein Lesesportler nicht weiter weiß

– Warte auf ihn.

– Ermutige ihn.

– Benenne die Buchstaben einzeln.

– Lies das Wort in Silben.

– Stelle Fragen:

- Mit welchem Laut beginnt das Wort?
- Welches Wort würde an dieser Stelle passen?
- Klingt der Satz jetzt richtig?

KV 84

Name: ______________________ Datum: ______________

Wie Eulenspiegel in Braunschweig bei einem Brotbäcker als Bäckergeselle arbeitete und wie er Eulen und Meerkatzen backte. (1)

Als Eulenspiegel nach Braunschweig kam, wohnte in der Nähe ein Bäcker. Der rief ihn in sein Haus und fragte ihn nach seinem Beruf. Er sprach: „Ich bin ein Bäckergeselle.“ Der Bäcker sagte: „Ich habe zur Zeit keinen Gesellen. Willst du mir aushelfen?“ Eulenspiegel antwortete: „Ja, gerne.“

Als er nun schon zwei Tage bei dem Bäcker arbeitete, sollte Eulenspiegel allein etwas backen. Eulenspiegel sprach: „Ja, was soll ich denn backen?“ Der Bäcker fand, dass das eine dumme Frage war, wurde zornig und sagte im Spott: „Du bist ein Bäckergeselle und da fragst du noch, was du backen sollst? Was bäckt man denn normalerweise? Backe Eulen und Meerkatzen!“ Und damit legte der Bäcker sich schlafen.

Da ging Eulenspiegel in die Backstube und machte aus dem Teig Eulen und Meerkatzen, die ganze Backstube voll.

Der Bäcker stand am Morgen auf und wollte Eulenspiegel helfen. Doch als er in die Backstube kam, fand er weder Brot noch Semmeln, sondern lauter Eulen und Meerkatzen. Da wurde der Bäckermeister zornig und sprach: „Ja bist du denn verrückt geworden? Was hast du denn da gebacken?“ Eulenspiegel sagte: „Was du zu mir gesagt hast, Eulen und Meerkatzen.“ Der Bäcker sprach: „Was soll ich nun mit diesem Narrenzeug tun? Solch ein Brot kann ich nicht brauchen. Ich kann das nicht verkaufen und zu Geld machen.“

KV 84

Name: ______________________ Datum: ____________

Beispiel für ein Lesetheater (1)

Sprecher: „Als Eulenspiegel nach Braunschweig kam, wohnte er in der Nähe eines Bäckers. Der rief ihn in sein Haus."
Bäcker: „Eulenspiegel, welchen Beruf hast du?"
Eulenspiegel (stolz): „Ich bin ein Bäckergeselle."
Bäcker (freundlich): „Das ist gut. Ich habe gerade keinen Gesellen und könnte Hilfe gebrauchen. Willst du bei mir aushelfen?"
Eulenspiegel (froh, begeistert): „Ja, gern!"
Sprecher: „Eulenspiegel verbrachte schon zwei Tage bei dem Bäcker, als dieser ihn zu sich rief."
Bäcker: „Eulenspiegel, du musst am Abend schon vorbacken, weil ich dir bis Morgen in der Früh nicht helfen kann."
Eulenspiegel: „Ja, was soll ich denn backen?"
Bäcker (sehr gereizt, zornig): „ Bist du ein Bäcker oder nicht? Musst du erst fragen, was du backen sollst? Was glaubst du denn, was du backen sollst? Eulen oder Meerkatzen!"
Sprecher: „Wütend und kopfschüttelnd legte sich der Bäcker schlafen. Da ging Eulenspiegel in die Backstube und machte aus dem Teig, was der Bäcker gesagt hatte."
Eulenspiegel (vergnügt pfeifend): „Nun gut, dann backe ich eben Eulen und Meerkatzen."
Sprecher: „Als der Bäcker am nächsten Morgen in die Backstube kam, fand er weder Brot noch Semmeln, sondern erlebte eine große Überraschung."
Bäcker (zornig): „Ja bist du denn verrückt geworden! Was hast du da gebacken?"
Eulenspiegel (unschuldig, leise): „Ich habe nur das gebacken, was du mir gesagt hast. Eulen und Meerkatzen."

KV 85

Die Bienenkönigin

Abschnitt 1:

Zwei Königssöhne wollten einmal ein Abenteuer erleben und zogen in die Welt hinaus. Der jüngste Königssohn, der von allen „Dummling" genannt wurde, machte sich auf den Weg und suchte seine Brüder. Als er sie fand, machten sie sich über ihn lustig und sagten er sei dumm.

Sie zogen gemeinsam weiter und kamen an einen Ameisenhaufen. Die zwei älteren Brüder wollten den Ameisenhaufen zerstören. Aber der Dummling sagte: „Lasst die Tiere in Frieden, ich lasse nicht zu, dass ihr sie stört."

Sie gingen weiter und kamen an einen See. Auf dem schwammen viele Enten. Die zwei Brüder wollten ein paar fangen und braten, aber der Dummling ließ es nicht zu und sagte: „Lasst die Tiere in Frieden, ich lasse nicht zu, dass ihr sie tötet". Dann kamen sie an ein Bienennest. Das war voller Honig.

Abschnitt 2:

Die zwei Brüder wollten ein Feuer machen und die Bienen ersticken, um an den Honig zu kommen. Der Dummling hielt sie wieder ab und sprach: „Lasst die Tiere in Frieden, ich lasse nicht zu, dass ihr sie verbrennt."

Die drei Brüder kamen zu einem Schloss, wo in den Ställen steinerne Pferde standen. Kein Mensch war zu sehen. Sie kamen zu einer Tür, an der drei Schlösser hingen. Durch ein kleines Fenster in der Tür konnte man ein graues Männchen sehen, das an einem Tisch saß. Sie riefen es zweimal an, aber es hörte nicht. Endlich riefen sie zum dritten Mal. Da stand es auf, öffnete die Schlösser und kam heraus. Es sprach aber kein Wort, sondern führte sie zu einem Tisch. Und als sie gegessen hatten, brachte das Männchen jeden in ein eigenes Schlafzimmer.

Am nächsten Morgen kam das graue Männchen zum ältesten Bruder und zeigte ihm eine Steintafel. Darauf standen drei Aufgaben. Wer die Aufgaben löst, kann das Schloss erlösen.

4.4 Über Leseerfahrungen verfügen: Alles über Hunde (Textsortenwissen)

In den Bildungsstandards wird gefordert, dass Schüler sich Kenntnisse über literarische Gattungen und Texttypen aneignen. Diese Textsortenkenntnis bezieht sich auf die nachfolgend aufgeführten Kompetenzen.

Textsortenwissen ist ein wesentlicher Bestandteil der Lesekompetenz im Allgemeinen. Nur wer weiß, welche Information er von einem Text erwarten kann, wie ein bestimmter Text aufgebaut ist und welche Elemente und Strukturen charakteristisch für eine bestimmte Textsorte sind, kann auch wirksam und kompetent mit dem entsprechenden Text umgehen. Märchen verfügen beispielsweise über charakteristische Merkmale, die ihnen allen gemein sind. Auch viele Gedichte verlaufen nach einem besonderen Bauplan oder Reimschema. Auch andere lyrische Formen, die in der Grundschule häufig Anwendung finden, z. B. Elfchen oder Rondelle, folgen einer festen Struktur. Ist den Schülern diese bekannt, fällt die Orientierung leichter und die Anwendung in eigenen Texten gelingt besser (vgl. dazu Abschnitt „mögliche Anschlussaufgaben"). Solches Textsortenwissen lässt sich im Unterricht auch auf andere, unbekanntere Textarten übertragen, z. B. für die Struktur eines Sachtextes über ein bestimmtes Tier (Aussehen, Nahrung, Lebensraum etc.). Nach einem ähnlich strukturierten Bauplan sind z. B. auch Rezepte aufgebaut. Diese Struktur kann anhand verschiedener Kochrezepte erarbeitet und verglichen werden.

Über Textsortenwissen muss der Leser bereits bei der Auswahl eines Textes verfügen, je nachdem zu welchem Zweck gelesen wird. Es ist ein Unterschied, ob ein Text zum Vergnügen gelesen wird (evasorisches Lesen), ob gezielt Informationen zu einem Thema gesucht werden (informatorisches Lesen) oder ob, wie beim kognitiven Lesen, der Inhalt einer Lektüre oder der Sinngehalt eines Textes erschlossen werden sollen. Auch kann ein Ziel sein, die sprachlichen Gestaltungselemente und das sprachliche Kunstwerk eines Textes zu erfassen (literarisches Lesen).

Kompetenzen

- verschiedene Sorten von Sach- und Gebrauchstexten kennen
- Erzähltexte, lyrische und szenische Texte kennen und unterscheiden
- Texte begründet auswählen
- Unterschiede und Gemeinsamkeiten von Texten finden

Hinweise zum Unterricht

Vorbereitung

- verschiedene Sorten von Büchern und Texten (Märchen-, Gedichte-, Sach-, Tierbücher, Romane, Lexika, Kochbücher etc.)
- KV 87a und b kopieren
- KV 87c Informationskarten im Klassenzimmer bereit legen
- KV 88 und KV 89

Materialien auf CD-ROM

- Unterschiedliche Kopiervorlagen „Bücher" und Textsorten-Informationskarten (KV 87), S. 149–151 (Auszug)
- Unterschiedliche Textsorten „Hunde" (KV 88), S. 152–156 (Auszug)
- Laufzettel (KV 89), S. 157

Ablauf

Zu Beginn der Sequenz betrachten die Schüler im Sitzkreis verschiedene Bücher. Alternativ wird KV 87a verwendet. Die Kinder aktivieren ihr Vorwissen und nennen ihre Ideen, was in den einzelnen Büchern stehen könnte bzw. um welche Art von Buch es sich jeweils handelt. Leitfragen können hier sein:

- Was erwartest du von diesem Buch?
- Wo findest du etwas über ...?
- Was haben diese Bücher gemeinsam?
- Worin unterscheiden sie sich?

Im Anschluss an diese kurze Einführung bearbeiten die Schüler in Partnerarbeit KV 87a und b. Hier müssen die Schüler entscheiden, zu welchem Zweck des Lesens welche Art von Buch am besten geeignet wäre, also z. B. das Hundelexikon, wenn ein Vortrag über Hunde gehalten werden soll. Für schwächere oder unsichere Kinder sind an einem vereinbarten Ort „Hilfekärtchen" (KV 87c) ausgelegt. Anhand der Nummer können sie erfahren, worum es in dem abgebildeten Buch geht. So fällt die Entscheidung leichter, zum geforderten Anlass das passende Buch auszuwählen.

Im Plenum müssen die Schüler begründen, wie sie zu ihrer Auswahl gekommen sind. Auch für diese Begründung helfen die Informationskarten der KV 87c weiter. Nachdem die Schüler so einen Einblick gewonnen haben, dass zu unterschiedlichen Gelegenheiten und Anlässen unterschiedliche Arten von Büchern zur Hand genommen werden müssen, soll dieses erste Erfahrungswissen auf verschiedene Texte angewendet werden.

In einer späteren Unterrichtseinheit werden die Schüler dazu in Kleingruppen eingeteilt. Im Klassenzimmer wird nach der Methode „Runder Tisch" (vgl. Kap.

3.2) (Bochmann 2008, S. 51) gearbeitet. An sieben im Kreis aufgestellten Tischen werden die sieben Texte aus KV 88 ausgelegt. Zusätzlich liegen die Textinformationskarten (KV 87c) im Klassenzimmer aus. In der Kleingruppe lesen die Schüler nun den ersten Text an einem der Tische leise durch. Die Leitfrage dabei sollte immer sein:

- Wo könnte dieser Text stehen?
- In welcher Art von Buch könnte man ihn finden?

Die Schüler beraten sich, um welche Art von Text es sich handeln könnte. Falls nötig, vergleichen sie mit der Informationskarte, ob ihre Zuordnung richtig ist. Auf einem Laufplan (KV 89) notieren sie, welcher Text zu welcher Textsorte gehört. Dabei sollen sie mithilfe der Informationskarten (KV 87c) auch begründen, warum sie sich bei ihrer Entscheidung sicher sind. Im Klassenverband werden die Texte später vorgelesen. Jede Gruppe sollte das Vorlesen ihres Textes vorab üben. Dann wird darüber diskutiert, um welche Art von Text es sich handelt und woran man dies erkennen kann. Solche Strukturmerkmale sollten von den Schülern auf Plakaten zusammengestellt werden, damit sie stets sichtbar im Klassenraum zur Verfügung stehen, wenn ein neuer Text besprochen wird.

Anhand der Texte 4, 4a und 5 (KV 88) kann und sollte noch vertieft an der Struktur weitergearbeitet werden. Diese Texte stehen symbolisch für die Strukturarbeit an anderen Textsorten. Zunächst wird noch einmal geklärt, um welche Textsorte es sich bei Text 5 handelt. Die Schüler werden schnell festgestellt haben, dass „noch etwas fehlt". Gemeinsam wird der Text gelesen. Nach jedem kurzen Abschnitt wird überlegt, worum es in den wenigen Zeilen geht. Die Schüler überlegen sich eine Überschrift, die das zusammenfasst, was in dem betreffenden Abschnitt vorkommt. Ebenso wird bei den weiteren Abschnitten verfahren. So entstehen Zwischenüberschriften bzw. Gliederungspunkte für den Text. Nun wäre es denkbar, einen ähnlichen Text über ein Tier (z. B. Hauskatze, Zwergkaninchen) zum Vergleich anzubieten. Wie ist dieser Text aufgebaut? Hat er ähnliche Zwischenüberschriften? So lernen die Schüler, dass ein Sachtext über ein Tier meist nach einem bestimmten Bauplan verfasst ist, der sich in vielen Punkten ähnelt. Ebenso kann man bei Text 4 und 4a vorgehen. Vielleicht kennen die Schüler die Gedichtform des Elfchens bereits. Sollte dies nicht der Fall sein, wird Text 4 und 4a miteinander verglichen. Was ist gleich? Was haben beide Texte gemeinsam? Gibt es Unterschiede? Schnell erkennen die Schüler den Bauplan und die Anordnung der elf Wörter und können diese Struktur selbst für eigene Elfchen anwenden. Ähnliche Gemeinsamkeiten lassen sich beispielsweise auch beim Vergleich der bereits angesprochenen Kochrezepte, Märchen und anderer Textsorten finden.

Über Lernen nachdenken

Mithilfe der Drei-Finger-Einschätzung bewerten die Schüler in dieser Einheit ihren Lernzuwachs. Leitimpulse der Lehrerin können dabei sein:

- Ich kenne jetzt mindestens 4 Textsorten.
- Ich weiß, was typisch für ein Märchen ist.
- Ich weiß, wo ich nachschauen könnte, wenn ich etwas über Pferde wissen möchte. Ich weiß, wie ein Zeitungsbericht geschrieben sein muss.
- Ich kenne den Unterschied zwischen einem Gedicht und einem szenischen Spiel.
- Ich weiß genau, was eine Fabel ist.

Die Schüler schätzen ihr Wissen selbst ein. Dort, wo noch Unsicherheiten bestehen, sollte anhand zusätzlicher Texte der entsprechenden Sorte das Strukturwissen weiter vertieft werden.

Mögliche Anschlussaufgaben

Haben die Kinder erkannt, wie ein Sachtext über ein Tier aufgebaut ist und die Zwischenüberschriften zu Text 5 (KV 88) gefunden, so bieten sich idealerweise Schreibaufgaben an. Die Schüler erhalten den Auftrag, ebenfalls einen kurzen Sachtext über ein beliebiges Tier zu schreiben. Sie müssen dazu in einem Tierlexikon nachschlagen oder Berichte im Internet finden. Die Struktur des Sachtextes soll wie bei Text 5 gestaltet sein. Zu jeder der Zwischenüberschriften finden die Schüler Informationen zu ihrem Tier und stellen diese zu einem Text zusammen. Ähnlich kann man beispielsweise bei Text 4 und 4a verfahren. Wenn die Schüler den Bauplan des Elfchens erkannt haben, sollen sie selbst zunächst ein Elfchen über den Hund, später über ein anderes Tier oder zu einem ganz anderen Thema verfassen. Analoge Schreibaufgaben bieten sich besonders bei Märchen an. Die Hauptfiguren und evtl. ein magischer Gegenstand, ein Gegenspieler und ein Ort sind vorgegeben, dann sollen die Schüler nach dem erarbeiteten Muster und Bauplan eines Märchens im Anschluss selbst ein Märchen erfinden.

KV 87

Name: ______________________ Datum: ____________

Verschiedene Bücher

1

2

3

4

5

6

7

KV 87

Name: ______________________ Datum: ____________

Schau dir die Bücher und Zeitschriften genau an. (1)

1. Du möchtest etwas über verschiedene Hunderassen erfahren. In welchem abgebildeten Buch schaust du nach?

   Nr. ____, weil

2. In der Klasse probt ihr ein Theaterstück. In welchem Buch könnte es stehen?

   Nr. ____, weil

3. Du möchtest deiner Oma zum Geburtstag ein kleines Gedicht aufsagen. In welchem Buch könntest du ein Gedicht finden?

   Nr. ____, weil

4. Du hast gestern einen Unfall mit einem kleinen Hund auf der Straße beobachtet. Wo könntest du etwas über den Unfall erfahren?

   Nr. ____, weil

KV 87

Testsorteninformationen

4 Gedicht

Gedichte werden von einem Dichter oder Schriftsteller erfunden.
Oft enden die Zeilen (= Vers im Gedicht) mit Reimwörtern, z. B.:
Da freute sich der kleine **Floh**,
und hüpfte auf und ab ganz **froh**.
Aber nicht in jedem Gedicht gibt es Reimwörter. Gedichte werden beim Sprechen meist in einem bestimmten Rhythmus aufgesagt. Auch gibt es Gedichte, bei denen es nicht auf den Reim, sondern auf den Bauplan ankommt, z. B. bei Elfchen.

5 Zeitungsbericht

In einer Zeitung werden die Ereignisse des Tages von Reportern kurz aufgeschrieben. Es werden nur wahre Geschichten berichtet. Der Reporter darf sich die Geschichten also nicht ausdenken. Er muss genau nachfragen, wann, wo oder wie etwas geschehen ist und wer beteiligt war. Fotografen machen oft zusätzlich Fotos.

6 Kinderbuch

In einem Kinderbuch findest du eine Geschichte, die sich ein Schriftsteller ausgedacht hat und die speziell für Kinder geschrieben wurde. In der Geschichte können eine oder mehrere Hauptfiguren vorkommen, die lustige, spannende oder traurige Dinge erleben. Es gibt dabei gute oder schlechte Geschichtenenden. Manchmal sind Kinderbücher durch Zeichnungen ausgeschmückt.

KV 88

Texte zur Zuordnung

Text 1: Herr Müller und Herr Meier

Meier: **Guten Tag lieber Herr Nachbar Müller!**

Müller: Oh, guten Tag Herr Meier!

Meier: **Na, was haben Sie denn da an der Leine.**

Müller: Sieht man das denn nicht?

Meier: **Ja selbstverständlich, Sie haben sich wohl einen Hund gekauft.**

Müller: Das haben Sie gut erkannt, Herr Meier.

Meier: **Und, Herr Müller, beißt Ihr Hund?**

Müller: Nein, Herr Nachbar, aber er tanzt unheimlich gut.
Außerdem hat er heute schon gefrühstückt.

Meier: **Sie haben mich wohl nicht recht verstanden. Ich wollte wissen, ob er zubeißt.**

Müller: Nein, nein, er hat die Zähne nur zum Grinsen.

Meier: **Na, na, Herr Müller, wollen Sie mich auf den Arm nehmen?**
Ich habe gefragt, ob er etwas tut.

Müller: Ja, atmen.

Meier: **Ich sehe, Sie wollen mich nicht verstehen. Hört ihr Hund denn?**

Müller: Aber sicher, er reagiert – nur nicht auf mich.

Meier: **Sie meinen, da steckt ein Kampfhund mit drin?**

Müller: Ich habe ihn noch nicht aufgemacht und reingeguckt, aber ich würde sagen: Ja, er kämpft. Mal mit seiner Müdigkeit, mal mit dem Übergewicht.

Meier: **Nichts für ungut, Herr Müller. Ich glaube, ich muss mit meiner Katze dringend zum Tierarzt. Viel Freude noch mit Ihrem Hund.**

KV 88

Texte zur Zuordnung

Text 2: Der Hund und das Stück Fleisch

Ein großer Hund hatte einem kleinen Hündchen ein Stück Fleisch abgejagt und rannte davon. Als er über eine Brücke lief, schaute er zufällig ins Wasser. Da sah er unter sich einen Hund, der ein großes Stück Fleisch festhielt.
„Heute habe ich Glück. Sein Stück Fleisch sieht noch größer aus als meins.“, dachte sich der Hund auf der Brücke. Gefräßig stürzte sich der Hund kopfüber in den Bach und biss nach dem Hund, den er von der Brücke aus gesehen hatte. Das Wasser spritzte auf. Er ruderte wild im Bach umher und spähte nach allen Seiten. Aber er konnte den Hund mit dem Stück Fleisch nicht mehr entdecken. Er war verschwunden. Da fiel dem Hund sein eigenes Stück Fleisch wieder ein. Wo war es? Verwirrt tauchte er unter und suchte danach. Doch er fand es nicht mehr. Durch seine Gier war ihm auch noch sein eigenes Stück Fleisch verloren gegangen.

frei nach Aesop

Text 4 / 4a: Hunde-Elfchen

Hunde
immer treu
hört mir zu
ein Freund des Menschen
Vertrauen

Hunde
Futter geben
zum Tierarzt gehen
an der Leine führen
Freund

KV 88

Texte zur Zuordnung

Text 5: Der Hund (Canis familiaris)

Allgemeine Informationen: Hunde stammen vom Wolf ab. In der Steinzeit fanden Menschen Wolfsjunge und zogen sie auf. Die Wölfe wurden zahm. Die Hunde sind für den Menschen treue Freunde. Weil sie gut lernen, helfen sie aber auch den Menschen, z. B. als Blindenhund, Polizeihund, Wachhund oder Lawinenhund. Insgesamt gibt es über 400 verschiedene Hunderassen, z. B. Bernhardiner, Dackel, Doggen, Pudel ... Hunde verfügen über ein gutes Gehör und können hervorragend riechen. Auch sind sie oft gute Schwimmer und Läufer.

Aussehen: Hunde können groß oder klein, schlank oder stämmig sein. Sie haben kurze oder lange Beine, glattes oder krauses Fellhaar. Die Fellfarbe ist auch ganz unterschiedlich: schwarz, weiß, braun, grau oder gescheckt.

Lebensraum: Hunde sind sehr anpassungsfähig. Sie können mit dem Schäfer im Freien leben, aber auch in der Wohnung oder in einem Haus.

Nahrung: Hunde werden meist zehn, einige sogar 20 Jahre alt. Hunde sind Allesfresser, ernähren sich aber am liebsten von Fleisch. Dennoch sollte ihre Ernährung abwechslungsreich sein. Auch etwas Obst oder Gemüse schadet einem Hund nicht.

Pflege: Hunde brauchen viel Auslauf und Bewegung. Auch ist es wichtig, ausreichend Zeit mit ihnen zu verbringen und sie zu pflegen, z.B. täglich füttern, spazieren gehen, streicheln. Aber auch regelmäßige Besuche beim Tierarzt sind nötig.

KV 88

Texte zur Zuordnung

Text 3: Folgenschwerer Unfall

Amberg. Am Mittwoch geschah in der Blütenstraße ein Unfall. Eine Autofahrerin wollte gerade die Kreuzung überqueren, da rannte plötzlich ein braun-beige gefleckter Hund aus einer Hofeinfahrt auf die Fahrbahn. Die Fahrerin musste eine Vollbremsung einlegen, um den Hund nicht zu verletzen. Das bemerkte ein nach ihr kommendes Auto zu spät und fuhr der Frau von hinten in ihr Fahrzeug. Der Fahrer musste mit einem Armbruch ins Krankenhaus eingeliefert werden. Es entstand ein Schaden von etwa 2.000 €. Die Polizei sucht nun nach dem Hundebesitzer. Wer hat den Hund gesehen oder kennt seinen Besitzer? Es handelt sich um einen Labradormischlung mit braun-beigem Fell.
Er ist etwa 50 cm hoch und trägt ein rotes Halsband.

Text 6: Fridolins Abenteuer

Das weiß doch jedes Kind: Alle Hunde sind mutig. Alle, bis auf den kleinen, schwarzen Hund Fridolin. Er möchte doch so gerne genauso stark sein, wie all die anderen Hunde im Park. Stattdessen versteckt er sich bei jeder Kleinigkeit hinter seinem Herrchen Tim.
Ein vorbeirasendes Auto, eine große Hummel, alles macht ihm Angst. Doch dann lernt Fridolin die Hunde Mine und Skipp kennen und rennt geradewegs in ein Abenteuer hinein, in dem er sehr viel Mut beweisen muss ...

KV 88

Texte zur Zuordnung

Text 7: Die Bremer Stadtmusikanten

Ein Mann hatte einen Esel, der schon lange Jahre die Säcke zur Mühle getragen hatte. Der Esel wurde aber langsam alt und hatte keine Kraft mehr für die Arbeit. Der böse Müller wollte ihn deswegen töten. Der Esel ahnte das aber und lief davon. Er machte sich auf den Weg nach Bremen. Dort wollte er Stadtmusikant werden.

Unterwegs fand er einen Jagdhund, der müde jaulte. „Nun, was jammerst du so, Hund?“ fragte der Esel. – „Ach,“ sagte der Hund, „weil ich alt bin und jeden Tag schwächer werde, auch auf der Jagd nichts mehr fangen kann, wollte mich mein Herr totschlagen. Da bin ich weggelaufen. Aber von was soll ich nun leben?“ „Weißt du was“, sprach der Esel, „ich gehe nach Bremen und werde dort Stadtmusikant, geh mit und werde auch Musikant. Ich spiele die Laute, und du schlägst die Pauken.“ Der Hund war zufrieden, und sie gingen weiter. Es dauerte nicht lange, da trafen sie eine Katze ...

frei nach den Gebrüdern Grimm

KV 89

Name: ______________________ Datum: ____________

Laufzettel: Texte zuordnen

Nummer des Textes	Art des Textes (Zeitungsbericht, Fabel, Märchen, ...)	Warum seid ihr euch sicher, dass ihr recht habt?
Text 1		
Text 2		
Text 3		
Text 4		
Text 5		
Text 6		
Text 7		

Für Schnelle:

Lies Text Nr. 10. Zu welcher Sorte gehört dieser Text? Begründe.

5 Sprache und Sprachgebrauch untersuchen

5.1 Verständigungsprobleme aufdecken: Wir sprechen darüber

„Im Lernbereich Sprache und Sprachgebrauch untersuchen spielt neben dem Wissen über grammatische Strukturen und Verfahren zum Untersuchen von sprachlichen Äußerungen auch das Sprachgefühl und der bewusste Umgang mit Sprache eine wichtige Rolle." (Isaac/Metzeld/Eichler 2009, S. 28)

Ihr Sprachgefühl entwickeln Schüler nicht erst mit dem Eintritt in die Grundschule, vielmehr „verwenden (sie) alle möglichen Sprachmittel und Konstruktionen – fast perfekt schon mit Schulbeginn." (Conrady 2004, S. 36) Gelernt wurde im „echten Leben" und dieses Wissen macht sich die Schule nutzbar. Lehrkräfte müssen sich am Prinzip der Kommunikation orientieren, um Lerninhalte thematisch-situativ zu erarbeiten. (Conrady 2004, S. 36) Kinder können sich aufgrund ihres bis Schuleintritt angeeigneten sprachlichen Wissens durchaus „metasprachlich" verhalten, d.h. sprachliche Mittel können von Grundschulkinder erarbeitet, erkannt und benannt werden, um sie dann zu benutzen." (Conrady, S. 36) Um sich über Sprache und ihre Mittel zu unterhalten, benötigt man festgelegte Begriffe. Diese wiederum werden im Unterricht erlernt. Kinder mit nicht deutscher Muttersprache und sprachungewohnte Kinder brauchen hierbei eine intensivere Unterstützung und die differenziertere Aufmerksamkeit der Lehrerin. Um Sprache richtig anwenden und gezielt untersuchen zu können und damit auch bewusst zu schreiben, bedarf es regelmäßiger Übungen. So sind Rechtschreiben, Texte verfassen, sie zu überarbeiten und zu verstehen die Arbeitsgebiete, in denen Grammatik eine zentrale Rolle spielt. (Conrady, S. 36)

Kommunikation im Unterricht und im Leben funktioniert immer dann gut, wenn der Hörer/Leser erkennt, was der Sprecher/Schreiber meint. Auch wenn Schüler bereits mit viel Wissen um Sprache in die Schule kommen, kommt es vor allem im Umgang miteinander oft zu Problemen, weil Sprache und ihre Intention/Intonation falsch verstanden oder eingesetzt wurde. Deshalb ist es gerade in den unteren Klassen wichtig, den richtigen Einsatz/Umgang mit Sprache zu fördern und zu üben. Im Unterricht sollte dies in vielfältigen spielerischen Situationen geschehen. Auch Verständigungsprobleme inhaltlicher Art müssen immer wieder thematisiert werden. Einfache Aufforderungen der Lehrerin wie „Erkläre noch einmal mit eigenen Worten.", „Wiederhole den Arbeitsauftrag." oder „Besprich dich mit deinem Partner." usw. lassen die Schüler sprechen und im Sprechen über Sprache das Gesagte reflektieren. In der zu beschreibenden Unterrichtseinheit geht es darum, Gefühle beim Sprechen auszudrücken und als

Hörer die Gefühle richtig zuzuordnen. Die Stimme und ihr Einsatz, die Gefühle und Inhalte des Gesprochenen auszudrücken, stehen dabei im Mittelpunkt.

Kompetenzen
- Beziehung zwischen Absicht – sprachlichen Merkmalen – Wirkung untersuchen
- Rollen von Sprecher/Hörer untersuchen
- Über Verstehens- und Verständigungsprobleme sprechen
- Mit Sprache experimentell und spielerisch umgehen

Die Absicht und Wirkung von Sprache zu untersuchen gelingt dann gut, wenn sich Hörer und Sprecher abwechseln und im Idealfall Verständigungsprobleme während der Interaktion sofort durch direkte Nachfragen geklärt werden.

Hinweise zum Unterricht

Vorbereitung
- Mimikkärtchen für alle Kinder

Materialien auf CD-ROM
- Mimikkärtchen (KV 106), S. 161

Ablauf
Die Lehrerin gibt den Schülern einen kurzen Ausblick auf die Stunde und erklärt, warum und wann es wichtig ist zu wissen, wie jemand etwas sagt. Beispiele wo und warum es zu Verständigungsproblemen kommen kann, erleichtern den Schülern den Einstieg in die Thematik. Danach bespricht die Lehrerin mit den Schülern die Symbole auf den Mimikkärtchen. Gemeinsam wird geklärt, was jedes Bild bedeutet. Das Bild des schreienden Kindes heißt: „laut sprechen", das flüsternde Kind bedeutet: „leise sprechen", das weinende Kind: „mit weinerlicher Stimme sprechen". Auch das Bild zum traurigen, fröhlichen und wütenden Kind muss besprochen werden. Eine Abgrenzung der Bilder laut/wütend/fröhlich/leise/traurig/weinend muss geklärt werden, da es in Alltagsituationen eine wichtige Rolle spielt, ob jemand traurig/wütend ist oder nur leise/laut spricht. Im Unterrichtsverlauf sollte die Lehrerin großen Wert darauf legen, dass die Schüler die verschiedenen Arten zu sprechen, gleich nach deren Klärung, ausprobieren. Nachdem die Bedeutung geklärt wurde, wird gemeinsam geübt. Die Lehrerin sagt etwas, z. B. „Heute wird es regnen.", mit besonderer Stimme

(laut leise, fröhlich, wütend, traurig, weinerlich, fröhlich). Die Schüler halten das dazu passende Mimikkärtchen (KV 106) hoch. Nach einigen Beispielsätzen können einzelne Schüler die Rolle der Lehrerin übernehmen, wobei diese den Schülern Sätze zur Verfügung stellt. Danach geht es in die Partnerarbeit und die Schüler üben zu zweit (Verabredungskalender). Nachdem mit Sätzen geübt wurde, können auch nur einzelne Wörter im Klassenverband oder in Einzelarbeit intoniert werden. Schüler, die schon gut lesen, können auch einen kleinen Text mit unterschiedlicher Betonung lesen.

Über Lernen nachdenken
In der Reflexionsphase wird überlegt, was besonders leicht/schwer war und warum bzw. was geübt werden muss. In einer Partnerreflexion loben sich die Partner gegenseitig dafür, was besonders gut geklappt hat.

Mögliche Anschlussaufgaben
Die Schüler sprechen in der nächsten Zeit immer wieder für zehn Minuten leise/laut/weinerlich etc. In Konfliktsituationen fragt die Lehrerin nach: „War das beteiligte Kind traurig oder eher wütend usw?“, um das gewonnene Bewusstsein immer wieder zu üben und bei den Schülern zu festigen. Beim Lesen kann man z. B. einen Text besonderes fröhlich/leise/usw. vortragen.

KV 106

Mimikkärtchen

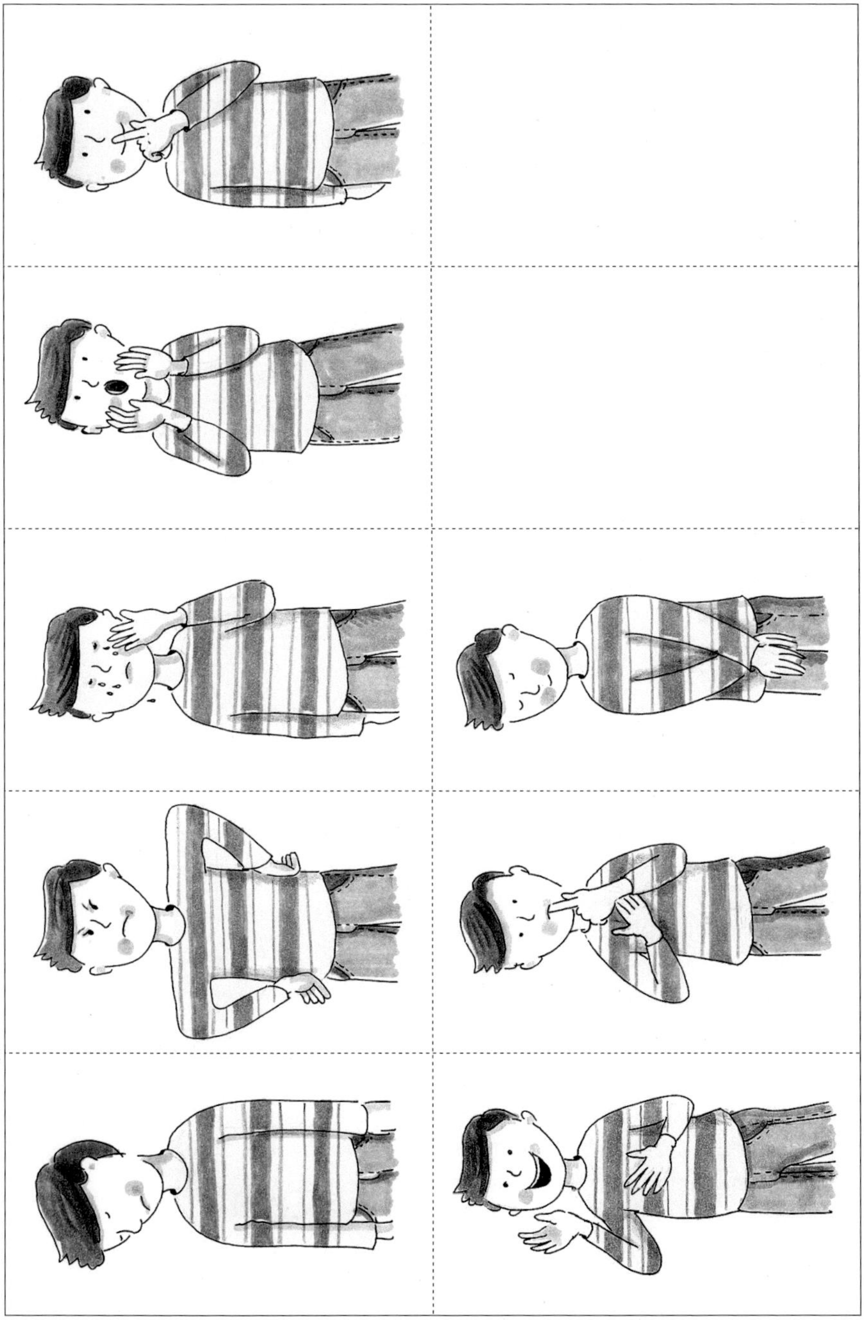

5.2 An Wörtern, Sätzen und Texten arbeiten: Vorsicht Baustelle!

Das Hauptaugenmerk von „Sprache und Sprachgebrauch untersuchen" liegt in der Schule auf dem Untersuchen von Wörtern, Sätzen und Texten. In der 1. und 2. Klasse werden die Wort- und Satzarten im Unterricht thematisiert. Wobei es besonders wichtig ist, immer wieder Wörter und Sätze in vielen verschiedenen Aufgaben zu üben und das erarbeitete Wissen über Wort- und Satzarten in vielfältigen Übungen anzuwenden.

Kompetenzen
- Wörter sammeln und ordnen
- Wörter strukturieren
- grundlegende sprachliche Strukturen und Begriffe kennen und verwenden

Hinweise zum Unterricht

Vorbereitung
- Plakatpapier (DIN A4)
- Stifte
- Gruppentische
- Baustelle zu den Wortarten (KV Wortarten)
- Baustelle zu den Satzarten (KV Satzarten)

Materialien auf CD-ROM
- Pronomenwürfel (KV 90), S. 165
- Kopiervorlagen – Wortarten: Adjektive (KV 91, KV 92), S. 166–167
- Kopiervorlagen – Wortarten: Nomen (KV 107–KV 110), S. 169–172
- Kopiervorlagen – Wortarten: Verben (KV 112–KV 115), S. 173–176
- Kopiervorlagen – Satzarten: Aufforderungssatz (KV 93, KV 94)
- Kopiervorlagen – Satzarten: Ausrufesatz (KV 95)
- Kopiervorlagen – Satzarten: Aussagesatz (KV 96–KV 98), S. 168
- Kopiervorlagen – Satzarten: Fragesätze (KV 99–102)
- Kopiervorlagen – Satzarten: Gemischte Sätze (KV 103)
- Laufzettel – Wortarten (KV 104), S. 177
- Laufzettel – Satzarten (KV 105)
- Reflexionsbogen „Sprache" (KV 111), S. 178

Ablauf

Der beschriebene Ablauf eignet sich zur Wiederholung der Wort- und Satzarten. Der Einfachheit wegen werden hier nur die Wortarten erwähnt. Die Wiederholung der Satzarten (Baustelle zu den Satzarten, siehe z.B. KV 96, S. 168) kann in gleicher Weise durchgeführt werden. Die Schüler arbeiten, nachdem die Wortarten im Unterricht eingeführt wurden, an der Baustelle zu den Wortarten und führen über ihre Arbeit Buch (Übersicht zur Baustelle). Sie kontrollieren mit den Lösungen, die die Lehrerin zur Verfügung stellt, ihre Arbeitsergebnisse und beurteilen ihre Arbeit und deren Erfolg. Die Lehrerin zeichnet den Arbeitsplan zur Kontrolle gegen.

Nachdem die Schüler die Baustelle zu den Wörtern (Adjektive: KV 91/92; Verben: KV 112–114; Nomen: KV 107–110; Pronomenwürfel: KV 90) durchgearbeitet haben, steht eine Wiederholungsstunde an. Die Aufgabe der Kinder ist es nun, sich in Stamm- und Expertengruppen (Zusammenfindung durch das Gruppenpuzzle) zu den Wortarten auszutauschen. Nach einer teambildenden Aktivität, die Gelegenheit zum sprachlichen Austausch bietet, finden sich die Schüler in kooperativen Stammgruppen zusammen. Die „social skills" (sozialen Ziele) der Gruppenarbeit werden ebenso festgelegt. Danach erklärt die Lehrerin die Aufgabenstellung: Wiederholung der Wortarten. Die Aufgaben/Rollen innerhalb der Gruppe werden verteilt, wobei jedes Gruppenmitglied auch inhaltlich eine andere Aufgabe erhält. Ein Kind ist für die Nomen, eines für die Adjektive und eines für die Verben zuständig. Zu jeder Wortart bildet sich eine Expertengruppe. In der Gruppe tauschen sich die Kinder über ihr Wissen (z.B. Nomen) aus. Dann gestaltet jeder in der Gruppe ein Plakat (DIN A 4) mit Beispielen zur jeweiligen Wortart. Danach überlegen sich die Experten, wie sie die wichtigsten Aspekte ihrer Wortart am besten den anderen Kindern erklären können. Jetzt treffen sich die Schüler wieder in ihren Stammgruppen. Jeder erklärt seiner Gruppe seine Wortart. Ziel ist es, dass jedes Kind über alle Wortarten Bescheid weiß und so in einem Test erfolgreich sein kann. (Weidner, S. 170)

Über Lernen nachdenken

Die Reflexion erfolgt täglich innerhalb der Baustellen auf den Übersichtsblättern, nachdem eine Aufgabe bearbeitet wurde. Am Schluss steht die Gruppenarbeit in der Stamm- und Expertengruppe. Auch die Drei-Finger-Einschätzung bietet sich hier an.

Mögliche Anschlussaufgaben

Die Gruppenpuzzle-Methode eignet sich in der Schule besonders gut zur Wiederholung und Vertiefung von Wissen. Neben den Wortarten können auch die Satzarten auf diese Weise oder ein anderes Thema des Sach-, Mathematik- oder Musikunterrichts etc. wiederholt werden.

Beispielhaft werden im Buch die Kopiervorlagen für die Baustelle – Wortarten aufgeführt. Die kompletten Vorlagen für die Baustelle – Satzarten finden Sie auf der CD-ROM (◎).

KV 90

Vorlage für einen Pronomenwürfel

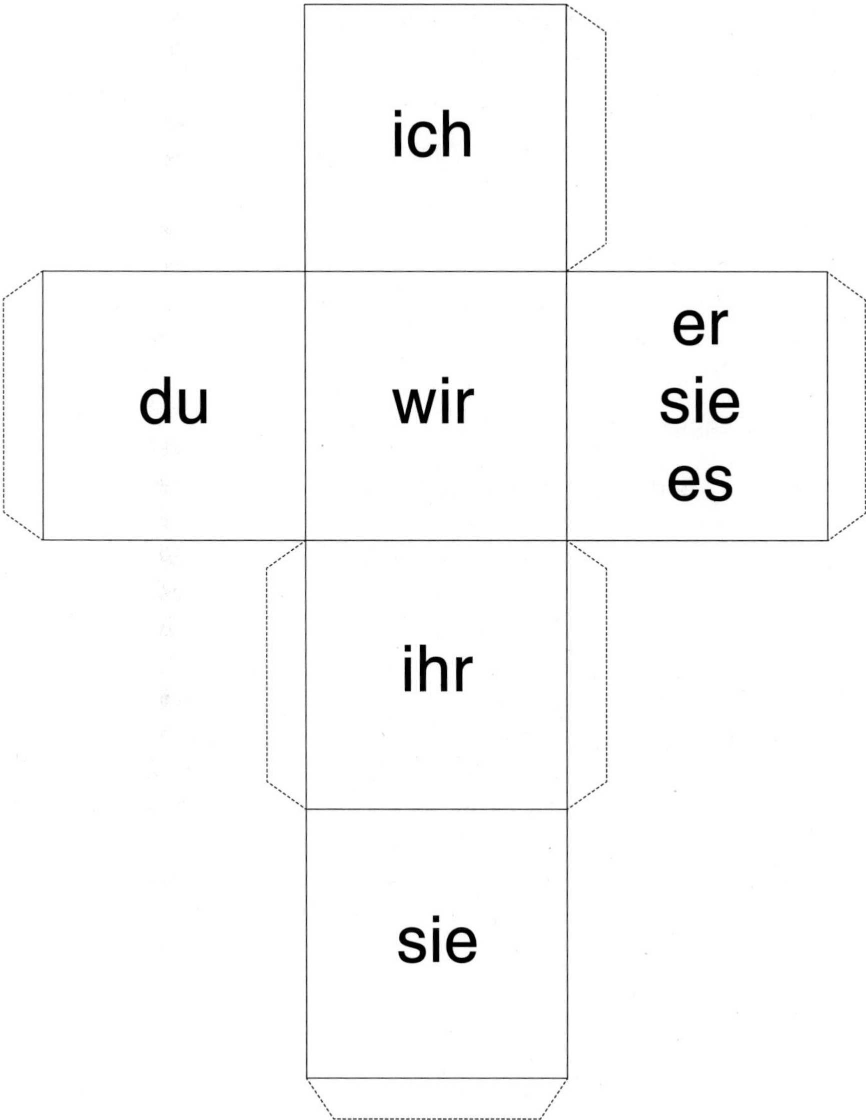

KV 91

Name: ______________________ Datum: ____________

Adjektive (Wiewörter) – Wimmelbild

Lies alle Wörter. Male nur die Zahlen der Adjektive (Wiewörter) im Bild an.

1 AUTO **2** ALT **3** LUSTIG **4** KOPF **5** HASE

6 GRÜN **7** SCHWIMMEN **8** STARK **9** MAUS

10 KLEIN **11** STEHEN **12** FRÖHLICH **13** EINFACH

14 ESSEN **15** TANTE **16** KRUG **17** STEIN

18 ICH **19** SCHWIERIG **20** MONTAG

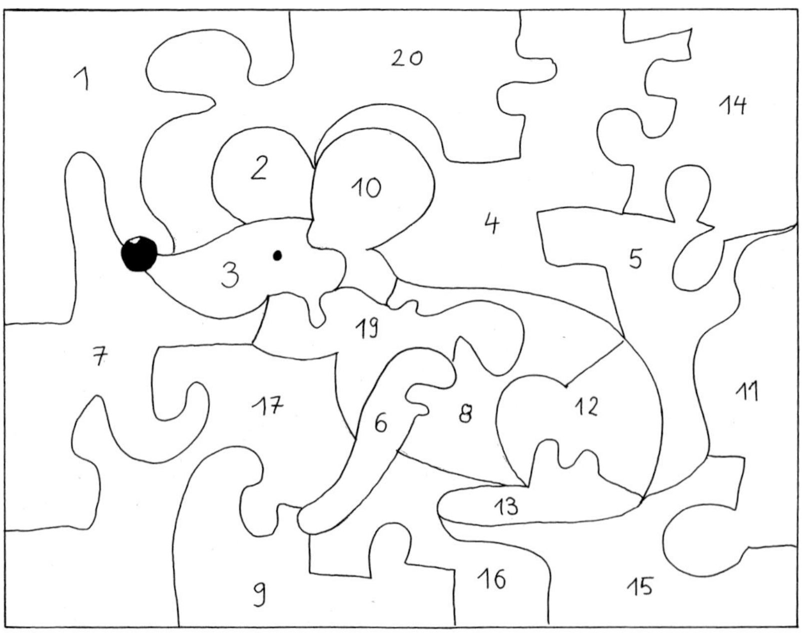

KV 92

Name: ______________________ Datum: ____________

Adjektive (Wiewörter) finden

1. Finde das Gegenteil. Verbinde mit Bleistift und Lineal.

alt	groß
lustig	jung
klein	krank
gesund	traurig
dunkel	kurz
lang	hell

2. Setze das Adjektiv (Wiewort) richtig ein.

An einem ____________ (schön) Morgen ging Sam ____________ (fröhlich) pfeifend aus dem ____________ (klein) Haus seiner Eltern. Er wollte seinen ____________ (neu) Freund Manuel zur Schule abholen. Sie waren spät dran, deshalb wollten sie ____________ (eilig) über die Straße rennen.

„Vorsicht, da kommt ein ____________ (schnell) Auto", rief Paul, der auf der anderen Straßenseite stand. Gemeinsam erreichten sie die Schule, als die ____________ (laut) Glocke zum Unterrichtsbeginn klingelte.

KV 96

Name: ______________________ Datum: ______________

Wir bauen Sätze

1. Baue aus den Satzbausteinen so viele Sätze wie möglich.

Die Häuser	**essen**	**Pizza**
Die Hunde	**singen**	**auf dem Dach.**
Die Omas und Opas	**fahren**	**rückwärts.**
Die Esel	**schwimmen**	**mit Flossen.**
Die Zeitungen	**fliegen**	**durchs Weltall.**
Die Mäuse	**tanzen**	**auf dem Tisch.**

2. Erfinde selbst Unsinnssätze.

3. Male zu einigen Sätzen Bilder auf die Rückseite des Blattes.

KV 107

Name: ______________________ Datum: ______________

Nomen (Namenwörter): Menschen, Tiere, Dinge und Pflanzen

1. Ordne die Nomen (Namenwörter) in die Tabelle ein.

Franz Maus Rose Tomate Tisch Radio
Ameise Fliege Elena Bauer Bleistift Apfel
Hemd Koalabär Mädchen Kraut

Menschen	Tiere	Dinge	Pflanzen

2. Hier stimmt etwas nicht. Markiere den Fehler und schreibe die Nomen (Namenwörter) mit dem richtigen Artikel (Begleiter) auf.

elefanten schuhe tassen kätzchen haus schule
mathematik lehrerin tafel kreide sport

KV 108

Name: ______________________ Datum: ____________

Baustelle: Nomensuche

1. Finde so viele Nomen (Namenwörter) wie möglich. Kreise sie ein.

Z	I	E	G	E	K	A	T	E	R
Y	S	M	H	T	A	K	K	V	U
P	T	L	M	M	T	I	G	E	R
K	U	H	A	N	Z	O	O	H	R
V	H	A	M	M	E	R	L	T	I
X	L	F	A	G	P	O	M	A	M
O	Q	U	L	I	C	L	U	G	S
A	U	D	O	M	A	L	E	R	T
L	A	R	S	X	V	E	I	W	Z
T	A	N	T	E	L	R	U	D	X

2. Schreibe die gefundenen Nomen so auf: ein Stuhl, viele Stühle, ...

KV 109

Baustelle: Nomen (Namenwörter)

Einzahl-Mehrzahl-Domino

1. Schneide die Dominosteine aus und lege sie richtig aneinander.
2. Schreibe die Wörter in dein Heft. Markiere, was sich verändert hat.

Start	das Auto
die Autos	der Junge
die Jungen	der Tisch
die Tische	der Korb
die Fische	die Mutter
die Körbe	der Fisch
die Mütter	der Vater
die Väter	die Tochter
die Töchter	die Hose
die Hosen	Ende

KV 110

Name: ______________________ Datum: ____________

Baustelle:
Nomen (Namenwörter)

1. Male passende Silben in der gleichen Farbe an.

MAP	JA	ORD	DER	SCHUL
ZEN	MÄPP	PE	CKE	NER
RAN	GUM	DIER	STIF	MI
FE	CHEN	TE	RA	

2. Schreibe die Wörter in der Einzahl und Mehrzahl (mit Begleiter) auf.

3. Schreibe zu zwei Wörtern einen Satz.

KV 112

Name: ______________________ Datum: ____________

Baustelle: Verben (Tunwörter) und Wortfelder

1. Ordne die Verben (Tunwörter) in die Tabelle ein.

nennen meckern schlendern reden mampfen
naschen schleichen knabbern verschlingen
flüstern entfernen stammeln

gehen	sagen	essen

2. Arbeite mit deinem 2-Uhr-Partner. Sucht euch Wörter aus dem Wortfeld gehen und sagen. Einer spielt vor, der andere macht nach. Lasst andere 2-Uhr-Teams raten.

3. Schreibe die Sätze richtig fertig.

Peter ____________________ schnell um die Ecke.

Hannah ____________________ über einen Stein.

Frau Maler ____________________ gemütlich über den Markt.

bummeln schlendern balancieren kriechen
stolpern flitzen hüpfen humpeln

4. Schreibe mit den übrigen Wörtern selbst Sätze auf deinen Block.

KV 113

Wortkärtchen für Pantomimen- und Formenspiel

singen	schreiben	lesen	malen	trinken
staunen	krabbeln	tanzen	dirigieren	schneiden
boxen	einpacken	auspacken	putzen	fotografieren
schimpfen	anziehen	klatschen	blasen	radeln
schwimmen	schleichen	lecken	kämmen	erschrecken

Für die Lehrerin: Wörter kopieren, möglicherweise vergrößern, laminieren und in einer kleinen Schachtel verstauen.

Pantomimenspiel für drei und mehr Spieler:
Ein Kind zieht ein Wort und spielt es den anderen vor. Die übrigen Schüler müssen raten. Wer zuerst das Wort errät, erhält die Karte und spielt als nächstes ein Wort vor. Wer zum Schluss am meisten Karten hat, hat gewonnen.

Formenspiel für zwei oder mehr Spieler:
Jedes Kind zieht ein Wort. Der Pronomenwürfel bestimmt, welche Form gebildet werden muss. Ist die gebildete Form richtig (Mitspieler kontrollieren), darf der Schüler das Wortkärtchen behalten. Wer zum Schluss am meisten Karten hat, hat gewonnen. Wenn ihr euch bei einer Form nicht sicher seid, fragt eure Lehrerin.

KV 114

Name: ______________________ Datum: ____________

Verben (Tunwörter): Verbformen

1. Welche Formen gehören zusammen?
Male sie in einer Farbe an.

laufe, isst, nimmt, kann, geben, gibst, backst, blase, backt, dürfen, backen, läufst, esst, bläst, darf, nehmen, gibt, könnt, lauft, können, essen, blasen, dürft, nimmst

2. Setze das Verb (Tunwort) in die richtige Form. Kontrolliere mit dem Wörterbuch.

Jeden Morgen ____________ (gehen) du in die Schule.

Dort ____________ (treffen) du deine Freunde.

Gemeinsam ____________ (spielen) ihr in der Pause.

In Deutsch ____________ (lesen) Sophie einen Text vor.

In Mathematik ____________ (lernen) ihr das Einmaleins.

Eure Lehrerin ____________ (geben) euch Hausaufgabe auf.

Weil heute so schönes Wetter ____________ (sein), habt ihr nur ein Arbeitsblatt zu erledigen.

KV 115

Name: ______________________ Datum: ____________

Suchsel

1. **Hier haben sich viele Wörter für gehen in verschiedenen Formen versteckt. Markiere sie mit unterschiedlichen Farben.**

hüpfen, springen, bummeln, spazieren, abhauen, fliehen, huschen, spurten, düsen, schlängeln

h	o	s	t	a	n	c	x	d	ü	s	t	u	h	b
c	ü	s	k	l	ö	s	s	m	m	v	k	t	u	d
k	i	p	z	t	t	p	l	f	h	k	m	m	s	ö
u	x	a	f	o	i	r	s	p	y	p	m	r	c	ä
m	a	z	e	e	u	i	c	ü	x	e	w	v	h	z
d	s	i	c	p	n	n	h	m	l	a	y	a	t	e
f	a	e	x	ü	z	g	l	t	o	b	a	s	o	u
g	y	r	y	a	t	e	ä	o	u	h	r	u	k	p
u	x	e	ä	s	r	f	n	l	l	a	q	i	r	s
h	c	p	ö	d	e	a	g	l	z	u	e	z	i	c
j	v	a	u	f	b	r	e	c	h	e	n	w	e	h
k	b	v	l	f	q	y	l	m	e	n	i	x	c	l
s	p	u	r	t	e	w	x	w	r	q	z	p	h	i
o	n	b	k	g	y	z	a	b	e	y	h	ü	e	f
e	m	n	j	h	f	l	i	e	h	s	t	e	n	b

2. **Finde noch andere Wörter für gehen. Schlage in deinem Wörterbuch nach.**

KV 104

Name: ______________________________ Datum: ____________

Übersicht: Satzarten Baustellen

1. Bearbeite alle Aufgaben. Arbeite an mindestens **vier** Baustellen mit einem oder mehreren Partnern zusammen und markiere diese Baustelle.

2. Überlege bei jeder Baustelle, ob du gut vorangekommen bist (☺,😐,☹) und kontrolliere deine Ergebnisse.

	bearbeitet am	**bearbeitet mit**	☺	😐	☹	**Unterschrift Lehrerin**
1. Wir bauen Satzarten.						
2. Sätzespiel: Onkel Fritz sitzt auf dem Sofa.						
3. Hier stimmt doch etwas nicht!						
4. Kennst du das Märchen Schneewittchen und die sieben Zwerge?						
5. Sätzespiel: Sitzt Onkel Fritz auf dem Sofa?						

KV 111

Reflexionsbogen
Sprache und Sprachgebrauch untersuchen: an Wörtern, Sätzen und Texten arbeiten

Das Kind kann	**sicher**	**mit Hilfe**	**in Ansätzen**	**nicht**
An Wörtern arbeiten:				
Begriffe kennen				
Begriffe verwenden				
Wörter strukturieren				
Möglichkeiten der Wortbildung kennen				
Wörter sammeln				
Wörter ordnen				
An Sätzen arbeiten:				
Sprachliche Operationen kennen:				
umstellen				
ergänzen				
ersetzen				
weglassen				
An Texten arbeiten:				
Textproduktion durch die Anwendung sprachlicher Operationen unterstützen				
Textverständnis durch die Anwendung von sprachlichen Operationen unterstützen				
Mit Sprache spielerisch umgehen				

Der Reflexionsbogen enthält alle Bildungsstandards, die ein Kind am Ende der 4. Klasse können sollte. In der 1. und 2. Jahrgangsstufe werden viele dieser Bildungsstandards bereits angebahnt. Der Reflexionsbogen soll dazu dienen, die erforderlichen Standards stets im Blick zu behalten.

Literaturverzeichnis

Akademie Kinder philosophieren – Bildungswerk der bayerischen Wirtschaft e. V. (2008): ICH BIN ICH ODER? Heinrich Vogel Verlag, München.

Beschlüsse der Kultusministerkonferenz: Bildungsstandards im Fach Deutsch für den Primarbereich. Beschluss vom 15.10.2004. Luchterhand, München. (www.kmk.org nov. 2012)

Bochmann, Reinhard/Kirchmann, Ruth (2008): Kooperativer Unterricht in der Grundschule. Teamarbeit als Motor für individuelles Lernen. Neue Deutsche Verlagsgesellschaft mbH, Essen.

Bochmann, Reinhard/Kirchmann, Ruth (2. Auflage 2012): Kooperatives Lernen in der Grundschule. Zusammen arbeiten – Aktive Kinder lernen mehr. Neue Deutsche Verlagsgesellschaft mbH, Essen.

Conrady, Peter: Grammatik. Nein danke? In: Grundschule 10/2004. Westermann, Braunschweig.

Demleitner, Silke/Kröner, Christine u. a. (2009): Fips & Co 2, Arbeitsheft, Oldenbourg Verlag, München.

Forster, Maria/Martschinke, Sabine (2008): Diagnose und Förderung im Schriftspracherwerb. Band 2: Leichter lesen und schreiben lernen mit der Hexe Susi. Auer Verlag, Donauwörth.

Hattendorf, Erna/Hoppe Irene: Die Leserolle – Wenn Lesen zur Rolle wird. In: Grundschulunterricht 12/2006, S. 17–20.

Isaac, Kevin/Metzeld, Dennis/Eichler, Wolfgang: Bewusster Umgang mit Sprache – Sprache und Sprachgebrauch untersuchen. In: Grundschulunterricht Deutsch 2/2009, Oldenbourg Verlag, München.

Koch, Claudia/Punz, Elisabeth/Römer, Elke: Bausteine eines kompetenzorientierten Deutschunterrichts. In: Erziehung und Unterricht, März/April 3–4/2010.

Landesinstitut für Schule und Medien Berlin (Hrsg.) (2005): Praxisbox Lesen. Schroedel, Braunschweig.

May, Peter (2000): Diagnose der Rechtschreibstrategien der Hamburger Schreibprobe. In: Naegele, Ingrid M./Valtin, Renate (Hrsg.): LRS in den Klassen 1–10. Handbuch der Lese-Rechtschreib-Schwierigkeiten. Band 2: Schulische Förderung und außerschulische Therapien, S. 87–92.
Weinheim und Basel.

Metzger, Klaus (2010): Für das Schreiben begeistern. Cornelsen Verlag Scriptor GmbH Co KG, Berlin.

Meyer, Hilbert (2007): Leitfaden Unterrichtsvorbereitung, Cornelsen Scriptor, Berlin.

Nix, Daniel (2006): Das Lesetheater: Integrative Leseförderung durch das szenische Vorlesen literarischer Texte. In: Praxis Deutsch, 33 (199), S. 23–29. Friedrich Verlag, Seelze-Velber.

Praxis Grundschule. Diktate üben. Heft 1/Januar 2004. Westermann, Braunschweig

Pronold-Günthner, Friederike: Umgang mit Lernschwierigkeiten in den Bereichen Lesen und Rechtschreiben. Vortrag in Leitershofen/Augsburg am 06.04.2011.

Reichen, Jürgen (2001): Hannah hat Kino im Kopf. Die Reichen-Methode „Lesen durch Schreiben" und ihre Hintergründe für Lehrerinnen, Studierende und Eltern. Hamburg, Zürich.

Richter, Sigrun/Brügelmann, Hans (1994): Der Schulanfang ist keine Stunde Null. In: Brügelmann/Richter (Hrsg): Wie wir recht schreiben lernen. 10 Jahre Kinder auf dem Weg zur Schrift, Libelle, Lengwil am Bodensee.

Richter, Sigrun (1998): Interessenbezogenes Rechtschreiblernen. Westermann, Braunschweig.

Rosebrock, Cornelia/Nix, Daniel (2008): Grundlagen der Lesedidaktik und der systematischen schulischen Leseförderung. Schneider, Hohengehren.

Rosebrock, Cornelia u. a. (2011): Leseflüssigkeit fördern: Lautleseverfahren für die Primar- und Sekundarstufe. Kallmayr, Seelze-Velber.

Rude, Christophe u. a. (2007): Akademie Kinder philosophieren – Bildungswerk der bayerischen Wirtschaft e. V.: Praxisleitfaden Kinder philosophieren für Kindertageseinrichtungen und Schulen, Infanteriestraße 8, 80797 München, www.kinder-philosophieren.de.

Wedel-Wolf, Annegret von (2003): Üben im Rechtschreibunterricht. Systematische Vorschläge für die Klassen 2–4. Westermann, Braunschweig.

Wedel-Wolff, Annegret von (2006): Mit dem Stift lesen. In: Deutsch differenziert 1/2006, S. 34 – 39. Westermann, Braunschweig.

Weidner, Margit (2003/7. Auflage 2012): Kooperatives Lernen im Unterricht. Das Arbeitsbuch. Kallmeyer in Verbindung mit Klett, Friedrich Verlag GmbH, Seelze-Velber.

www.derklassenrat.de (eingesehen am 27.08.2013)